Ingrid Dröse / Lorenz Weiß

Versuche im Sachunterricht der Grundschule

Über 80 spannende und kindgemäße Versuche zu einzelnen Phänomenen der Naturwissenschaft

 Auer

Gedruckt auf umweltbewusst gefertigtem, chlorfrei gebleichtem
und alterungsbeständigem Papier.

9. Auflage 2018
Nach den seit 2006 amtlich gültigen Regelungen der Rechtschreibung.
© Auer Verlag
AAP Lehrerfachverlage GmbH, Augsburg
Alle Rechte vorbehalten

Illustrationen: Ulrike Zahner; Corina Beurenmeister (Kapitel Bauen & Konstruieren)
Satz: Fotosatz H. Buck, Kumhausen
Druck und Bindung: Kessler Druck + Medien GmbH, Bobingen
ISBN 978-3-403-**03686**-9

www.auer-verlag.de

Inhalt

Versuche im Sachunterricht der Grundschule

Was Sie in diesem Buch erwartet

In diesem Buch haben wir für Sie über 80 Versuche zu einzelnen Phänomenen der Naturwissenschaft zusammengetragen. Sie finden hier Versuche zu den Themenbereichen *Luft, Wasser, Licht und Schatten, Akustik, Magnetismus, Elektrizität, Verbrennung, Wald und Pflanzen, unsere Sinne* sowie *Bauen und Konstruieren*.

Unterrichtspraktisch erprobt: Alle Versuche sind mehrfach unterrichtspraktisch erprobt und weisen z. T. unterschiedliche Schwierigkeitsgrade auf.

Übersicht mit den Versuchen, Checkliste und Hinweisen: Zu jedem Themenbereich gibt es eine Übersicht über die vorgestellten Versuche. Um Ihnen die Unterrichtsvorbereitung zu erleichtern, sind die Übersichten mit einer Checkliste versehen, auf der Sie die benötigten Materialien abhaken können. So sehen Sie auf einen Blick, welche Materialien bereits vorhanden sind und welche noch besorgt werden müssen. Die Übersicht beinhaltet neben allgemeinen Hinweisen auch Orientierungshilfen zur Durchführung der Versuche und Hinweise auf Kopiervorlagen in diesem Buch.

Karteikarten: Im Unterricht hat es sich als vorteilhaft erwiesen, die Versuche statt auf Arbeitsblättern auf Karteikarten darzustellen. Die Karten sind für die Kinder übersichtlicher und handlicher.

Aufbau der Karteikarten

Vorderseite: Hier steht der Name des Versuches, alle benötigten Materialien sind aufgelistet. Eine oder mehrere Abbildungen illustrieren anschaulich die Durchführung des Versuches. Die Kinder finden hier auch detaillierte Anweisungen zum Versuchsablauf.

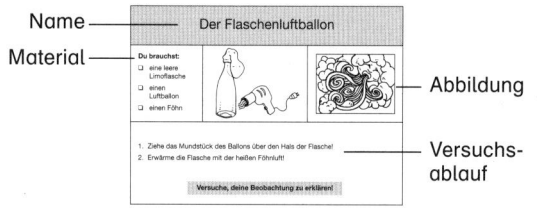

Rückseite: Hier wird beschrieben, was bei dem jeweiligen Versuch in der Regel zu beobachten ist. Außerdem wird das beobachtete Phänomen kindgemäß erklärt.

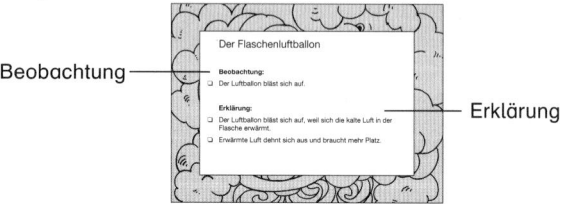

Einsatz der Karten im Unterricht

Hier möchten wir Ihnen Vorschläge für ein mögliches Vorgehen im Unterricht unterbreiten.

- Lesen Sie die Hinweise auf den Übersichten der Themenbereiche, bevor Sie die Versuche durchführen.
- Entscheiden Sie, welche Versuche für Ihre Klasse geeignet sind.
- Überlegen und planen Sie den didaktischen Ort und den methodischen Einsatz der Karteikarten, z. B. in einem eher offenen oder eher gebundenen Unterricht, in der Freiarbeit, im Projektunterricht, bei geeigneten Versuchen auch als Hausaufgabe. Achten Sie darauf, genügend Zeit für das Vermuten, Ausprobieren, für die Erklärungsversuche und das Reflektieren und (Er-) Klären einzuplanen.
- Besorgen Sie vorab die benötigten Materialien, auch in Zusammenarbeit mit Kolleginnen und Kollegen oder den Elternsprechern. Kopieren Sie sich hierfür am besten die jeweilige Übersicht und nutzen Sie die Checkliste, um vorhandene Materialien abzuhaken.
- Probieren Sie die ausgewählten Versuche unbedingt *vorher* selbst aus!

Tipp: Bewahren Sie die Materialien zu den einzelnen Themenbereichen in beschrifteten Schachteln auf. So können Sie bei der Wiederholung der Versuche jederzeit auf einen großen Fundus zurückgreifen.

Viel Erfolg und Freude bei der Durchführung wünschen

Ingrid Dröse und Lorenz Weiß

(Kontakt: lorenz.weiss@konstantins-freunde.de)

Luft

Hinweise:

➡ Bitte klären Sie vor der Durchführung der folgenden Versuche ab, ob sich Asthmatiker in Ihrer Klasse befinden. Außerdem sollte nochmals auf das richtige Atmen eingegangen werden. Bei zu schnellem, falschem Atmen besteht die Gefahr des Hyperventilierens.

➡ Bei den Versuchen **Der Luftkreisel, Der fliegende Fisch** und **Die Doppelnull** entfallen die Erklärungen zum Phänomen. Stattdessen sind die passenden Kopiervorlagen abgedruckt.

Luft ist überall

Benötigtes Material:
- ☐ ein leeres Glas
- ☐ ein Gefäß mit Wasser
- ☐ ein Trichter
- ☐ Knete
- ☐ ein Bleistift

Der Flaschengeist

Benötigtes Material:
- ☐ eine Flasche
- ☐ ein Strohhalm
- ☐ ein Luftballon

Der Gewichtheber

Benötigtes Material:
- ☐ einige Bücher
- ☐ ein Luftballon

Der Wasserkleber

Benötigtes Material:
- ☐ ein Glas
- ☐ eine Postkarte
- ☐ Wasser

Der Flaschenluftballon

Benötigtes Material:
- ☐ eine leere Limoflasche
- ☐ ein Luftballon
- ☐ ein Föhn

Der Ballontorpedo

Benötigtes Material:
- ☐ eine dünne glatte Schnur
- ☐ ein Strohhalm

- ☐ ein Luftballon
- ☐ Klebeband

Der Postkartenkleber

Benötigtes Material:
- ☐ eine Postkarte

Der Blaseball

Benötigtes Material:
- ☐ ein Trichter
- ☐ ein Tischtennisball

Der Münzsprung

Benötigtes Material:
- ☐ drei Stecknadeln
- ☐ ein weiches Holzbrettchen
- ☐ eine Münze

Der Luftkreisel

Benötigtes Material:
- ☐ eine Schere
- ☐ eine Büroklammer
- ☐ Kopiervorlage in gewünschter Anzahl

Der fliegende Fisch

Benötigtes Material:
- ☐ eine Schere
- ☐ Kopiervorlage in gewünschter Anzahl

Die Doppelnull

Benötigtes Material:
- ☐ eine Schere
- ☐ ein Klebestift
- ☐ Klebeband
- ☐ Kopiervorlage in gewünschter Anzahl

Luft ist überall

Du brauchst:

- ❏ ein leeres Glas
- ❏ ein Gefäß mit Wasser
- ❏ einen Trichter
- ❏ Knete
- ❏ einen Bleistift

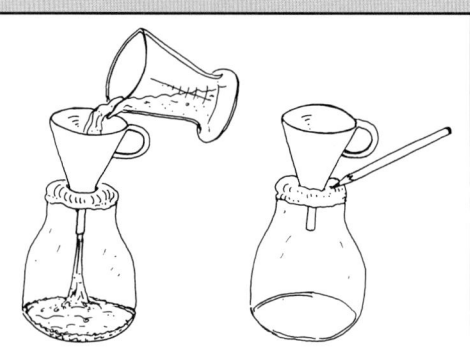

So wird der Versuch durchgeführt:

1. Setze den Trichter auf das leere Glas!
2. Verteile die Knete so um den Rand des Glases, dass Trichter und Glas fest miteinander verbunden sind! Zwischen der Glaswand und dem Knetgummi darf sich kein Loch befinden.

Aufgabe A
Gieße langsam Wasser in den Trichter!

Aufgabe B
Drücke mit dem Bleistift ein Loch in die Knetmasse!
Gieße nun Wasser in den Trichter!

Vermute, was passieren wird!

Luft ist überall

Aufgabe A

Beobachtung:
- ❏ Das Wasser bleibt im Trichter stehen.

Erklärung:
- ❏ Das Glas ist bereits mit Luft gefüllt. Deshalb ist kein Platz mehr für das Wasser vorhanden.

Aufgabe B

Beobachtung:
- ❏ Jetzt läuft das Wasser in die Flasche.

Erklärung:
- ❏ Durch das Loch in der Knete kann die Luft aus der Flasche entweichen.
- ❏ Die entwichene Luft macht Platz für das Wasser, das durch die Trichteröffnung kommt.

I. Dröse/L. Weiß: Versuche im Sachunterricht der Grundschule

Der Flaschengeist

Du brauchst:

❑ eine Flasche

❑ einen Strohhalm

❑ einen Luftballon

So wird der Versuch durchgeführt:

1. Schiebe den Luftballon so in den Flaschenhals, dass das Mundstück des Luftballons aus dem Flaschenhals herausschaut!

2. Versuche, den Luftballon aufzublasen!

Vermute, was passieren wird!

Der Flaschengeist

Beobachtung:

❑ Der Luftballon lässt sich nicht aufblasen.

Erklärung:

❑ In der Flasche befindet sich noch Luft. Deswegen kannst du den Ballon nicht aufblasen.

➜ Schiebe nun den Trinkhalm in den Flaschenhals und blase erneut!
Was ist jetzt möglich? Warum?

I. Drose/L. Weiß: Versuche im Sachunterricht der Grundschule
© Auer Verlag

Der Gewichtheber

Du brauchst:

❏ einige
  Bücher

❏ einen
  Luftballon

So wird der Versuch durchgeführt:

1. Lege den Ballon auf eine Tischkante und staple einige Bücher darauf!

2. Blase nun den Luftballon auf!

Was kannst du beobachten?

Der Gewichtheber

Beobachtung:

❏ Wenn der Ballon stark genug aufgeblasen wird, kippt der Bücherstapel um.

Erklärung:

❏ Der Luftdruck erzeugt eine Kraft. Diese Kraft kippt den Bücherstapel um.

❏ Große Luftmengen können sogar schwere Gegenstände anheben. Das geht am besten, wenn die Auflagefläche des Gegenstandes möglichst groß ist.

➡ Fällt dir ein Beispiel ein, bei dem
  a) Luft als Gewichtheber eingesetzt wird oder
  b) Luft große Lasten trägt?

I. Dröse/L. Weiß: Versuche im Sachunterricht der Grundschule
© Auer Verlag

Der Wasserkleber

Du brauchst:

❑ ein Glas

❑ eine Postkarte

❑ Wasser

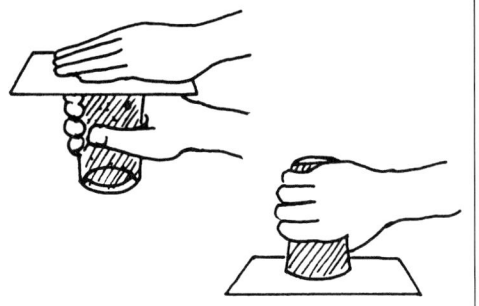

So wird der Versuch durchgeführt:

1. Fülle ein Glas bis zum Rand mit Wasser!
2. Lege die Postkarte vorsichtig auf das Glas und drücke sie mit der Hand fest auf den Rand des Glases!
3. Drehe das Glas mit der anderen Hand blitzschnell um! Die Postkarte hältst du dabei weiter fest.
4. Wenn du das Glas umgedreht hast, kannst du die Hand von der Postkarte nehmen.

Was kannst du beobachten?

✂ -

Der Wasserkleber

Beobachtung:

❑ Die Postkarte „klebt" weiter am Glas. Das Wasser bleibt im Glas.

Erklärung:

❑ Das Gewicht des Wassers im Glas ist geringer als der Luftdruck, der von unten auf die Karte einwirkt.

❑ Der Luftdruck presst die Postkarte so fest an das Glas, dass keine Luft in das Glas hineinströmen kann. Somit kann das Wasser auch nicht aus dem Glas herausfließen.

I. Dröse/L. Weiß: Versuche im Sachunterricht der Grundschule
© Auer Verlag

Der Flaschenluftballon

Du brauchst:

- ❑ eine leere Limoflasche
- ❑ einen Luftballon
- ❑ einen Föhn

So wird der Versuch durchgeführt:

1. Ziehe das Mundstück des Ballons über den Hals der Flasche!
2. Erwärme die Flasche mit der heißen Föhnluft!

Was kannst du beobachten?

Der Flaschenluftballon

Beobachtung:

- ❑ Der Luftballon bläst sich auf.

Erklärung:

- ❑ Der Luftballon bläst sich auf, weil sich die kalte Luft in der Flasche erwärmt.
- ❑ Erwärmte Luft dehnt sich aus und braucht mehr Platz.

I. Dröse/L. Weiß: Versuche im Sachunterricht der Grundschule
© Auer Verlag

Der Ballontorpedo

Du brauchst:

- ❑ eine dünne glatte Schnur
- ❑ einen Strohhalm
- ❑ einen Luftballon
- ❑ Klebeband

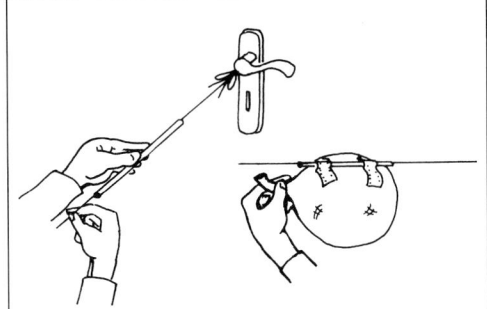

So wird der Versuch durchgeführt:

1. Führe die Schnur durch den Strohhalm!
2. Binde die Schnur mit einem Ende an der Türklinke fest und bringe sie auf Spannung!
3. Blase den Ballon auf und verdrehe das Mundstück so, dass keine Luft aus dem Ballon entweichen kann!
4. Dein Partner klebt den Ballon mit dem Klebeband am Strohhalm fest.
5. Lasse nun das Mundstück des Ballons los!

Vermute, was passieren wird!

Der Ballontorpedo

Beobachtung:

- ❑ Der Ballon schießt entlang der Schnur nach vorn.

Erklärung:

- ❑ Die aus dem Ballon strömende Luft ist wie ein Rückstoß, der den Ballon nach vorn schießen lässt.

Der Postkartenkleber

Du brauchst:

❏ eine Postkarte

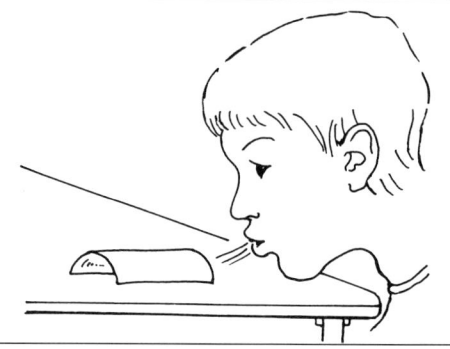 

So wird der Versuch durchgeführt:

1. Biege die Postkarte vorsichtig mit der Hand!

2. Lege die Postkarte mit der gebogenen Seite nach oben auf den Tisch!

3. Versuche, die Postkarte möglichst kräftig wegzupusten!

Vermute, was passieren wird!

Der Postkartenkleber

Beobachtung:

❏ Je kräftiger du pustest, desto mehr klebt die Postkarte am Tisch fest.

Erklärung:

❏ Unter der Karte entsteht ein Unterdruck, der die Karte am Tisch festhält.

I. Dröse/L. Weiß: Versuche im Sachunterricht der Grundschule
© Auer Verlag

Der Blaseball

Du brauchst:

❏ einen Trichter

❏ einen Tisch-
tennisball

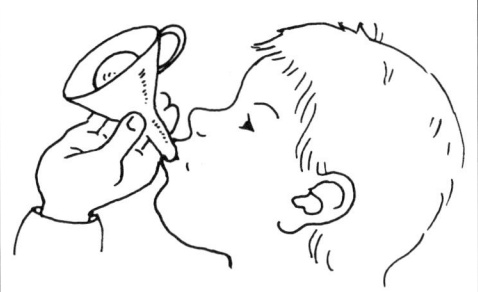

So wird der Versuch durchgeführt:

1. Lege den Ball in den Trichter!

2. Halte den Trichter schräg nach oben!

3. Blase kräftig durch den Trichter!

Vermute, was passieren wird!

Der Blaseball

Beobachtung:

❏ Der Ball bleibt im Trichter.

Erklärung:

❏ Der Luftstrom teilt sich auf.

❏ Die in den Trichter gepustete Luft ist schneller als die Luft
außerhalb des Trichters. Dadurch vermindert sich der Luftdruck im Trichterhals. Gleichzeitig drückt die Außenluft den
Ball in den Trichter hinein.

Der Münzsprung

Du brauchst:

❑ drei Steck-
nadeln

❑ ein weiches
Holzbrettchen

❑ eine Münze

So wird der Versuch durchgeführt:

1. Drücke die drei Stecknadeln so in das Brettchen, dass du eine Münze gerade darauf legen kannst, ohne dass sie herunterfällt!

2. Versuche nun, die Münze von den Stecknadeln zu pusten!

Vermute, was passieren wird!

Der Münzsprung

Beobachtung:

❑ Die Münze bleibt auf den Stecknadeln liegen.

Erklärung:

❑ Der Luftstrom „rutscht" an den glatten Rändern der Münze ab.
❑ Die Luft wird mit hoher Geschwindigkeit unter der Münze hin-
durchgeblasen. Dadurch vermindert sich der Luftdruck unter
der Münze. Ergebnis: Die Münze wird noch fester an die
Stecknadeln gepresst.

➥ Versuche einmal, die Münze
   a) mit vorgeschobener Oberlippe und dann
   b) mit vorgeschobener Unterlippe von den Stecknadeln zu
      pusten!

I. Dröse/L. Weiß: Versuche im Sachunterricht der Grundschule

Der Luftkreisel

Du brauchst:

❑ eine Schere

❑ eine Büroklammer

So wird der Versuch durchgeführt:
1. Schneide das große Rechteck an der fett gedruckten Linie aus!
2. Schneide die gestrichelten Linien ein!
3. Falte wie folgt an den gepunkteten Linien:
   ❑ Linie b: nach hinten falten
   ❑ Linie a: nach vorn falten
   ❑ Linien c und d: nach innen falten
   ❑ Linie e : nach oben falten
4. Befestige die Büroklammer an der Linie e und lasse den Luftkreisel fliegen!

Was kannst du beobachten?

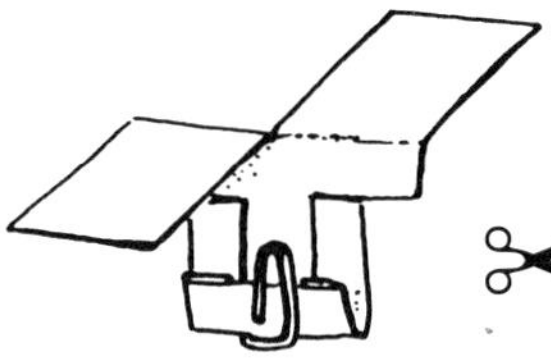

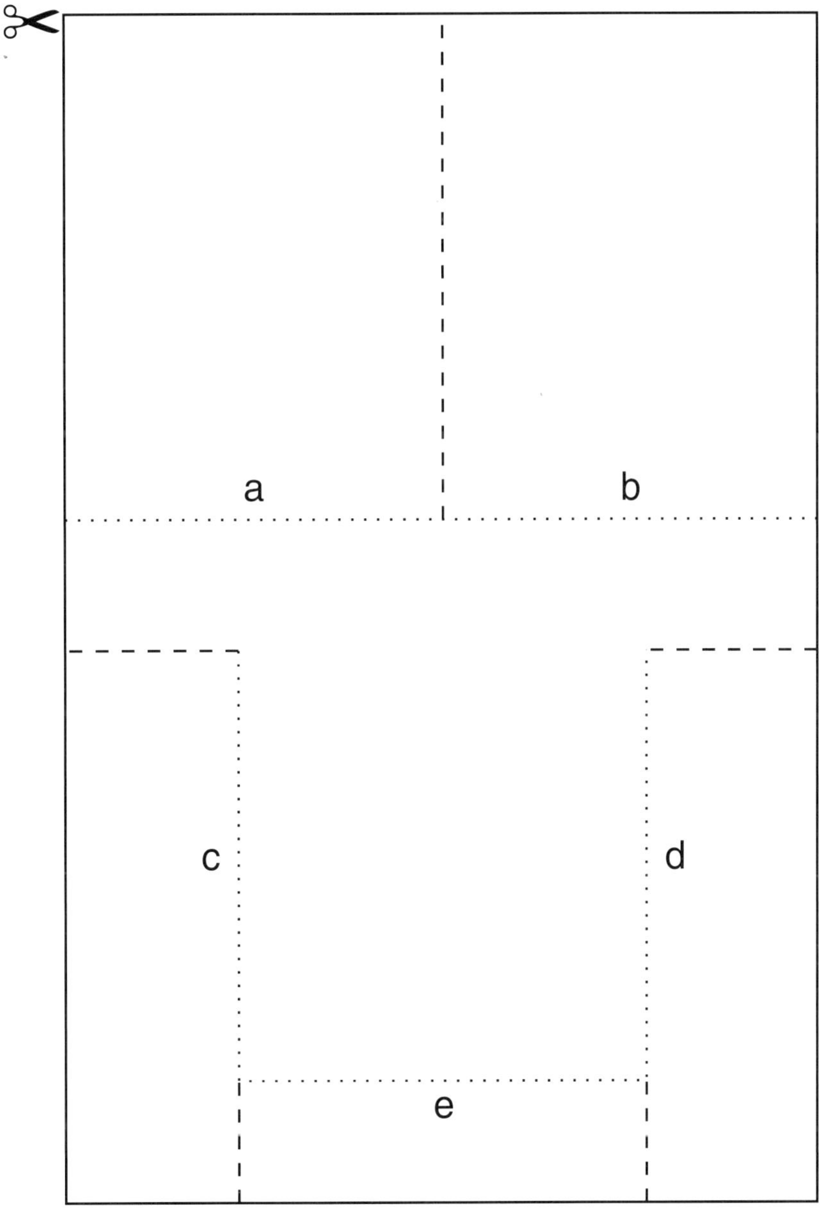

a

b

c

d

e

15

Der fliegende Fisch

Du brauchst:

❏ eine Schere

So wird der Versuch durchgeführt:

1. Schneide die Papierstreifen aus!
2. Schneide die gestrichelten Linien ein!
3. Stecke die Papierstreifen wie in der Zeichnung abgebildet zusammen!
4. Lasse den Fisch fliegen!

Was kannst du beobachten?

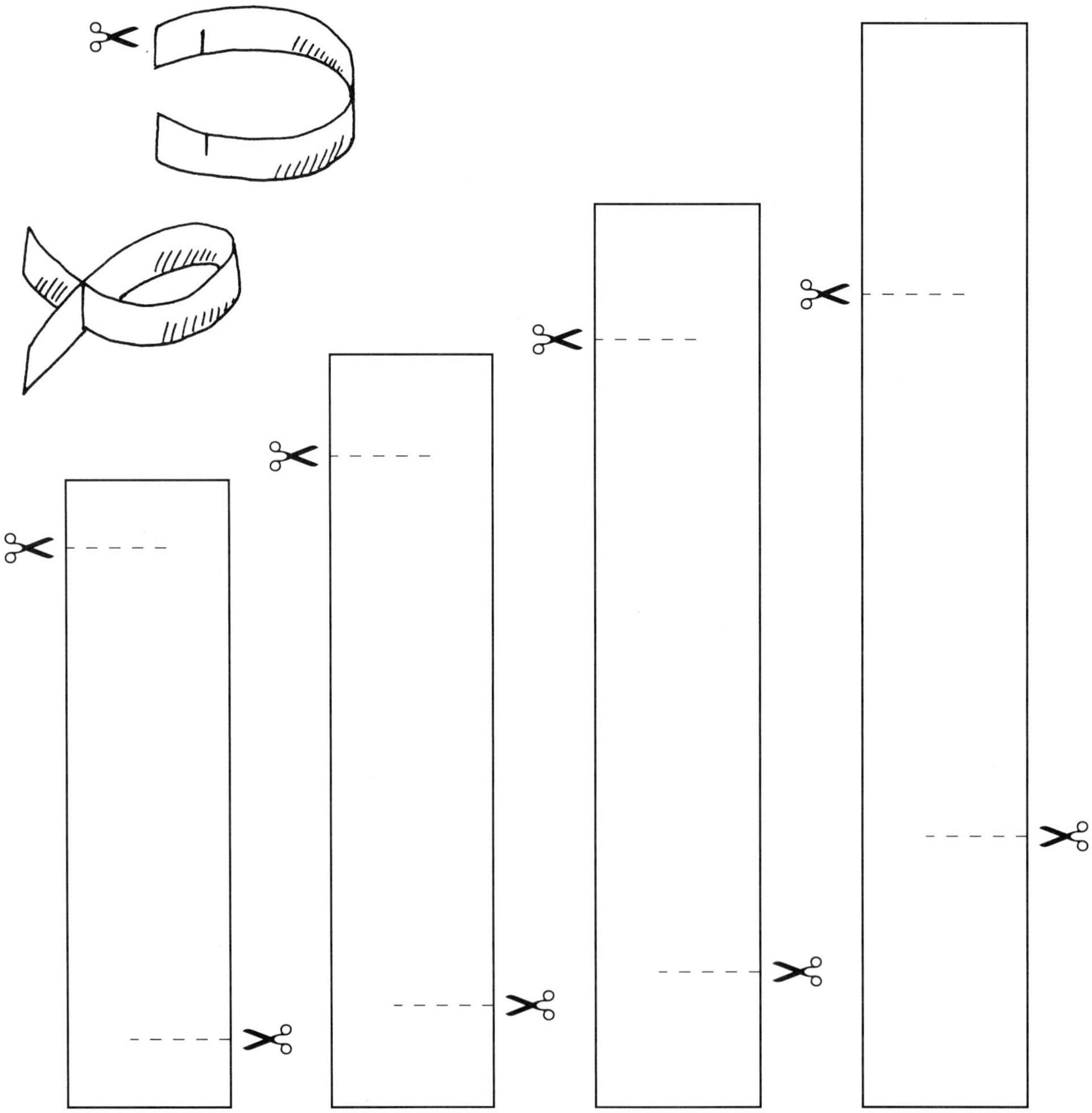

I. Dröse/L. Weiß: Versuche im Sachunterricht der Grundschule

Die Doppelnull

Du brauchst:

❏ eine Schere

❏ einen
Klebestift

❏ Klebeband

So wird der Versuch durchgeführt:

1. Schneide die Papierstreifen aus!
2. Klebe je einen Papierstreifen zu
   einer Null zusammen!
3. Befestige die Nullen wie in der
   Zeichnung abgebildet!
4. Lasse die verschiedenen Doppel-
   nullen fliegen!

Was kannst du beobachten?

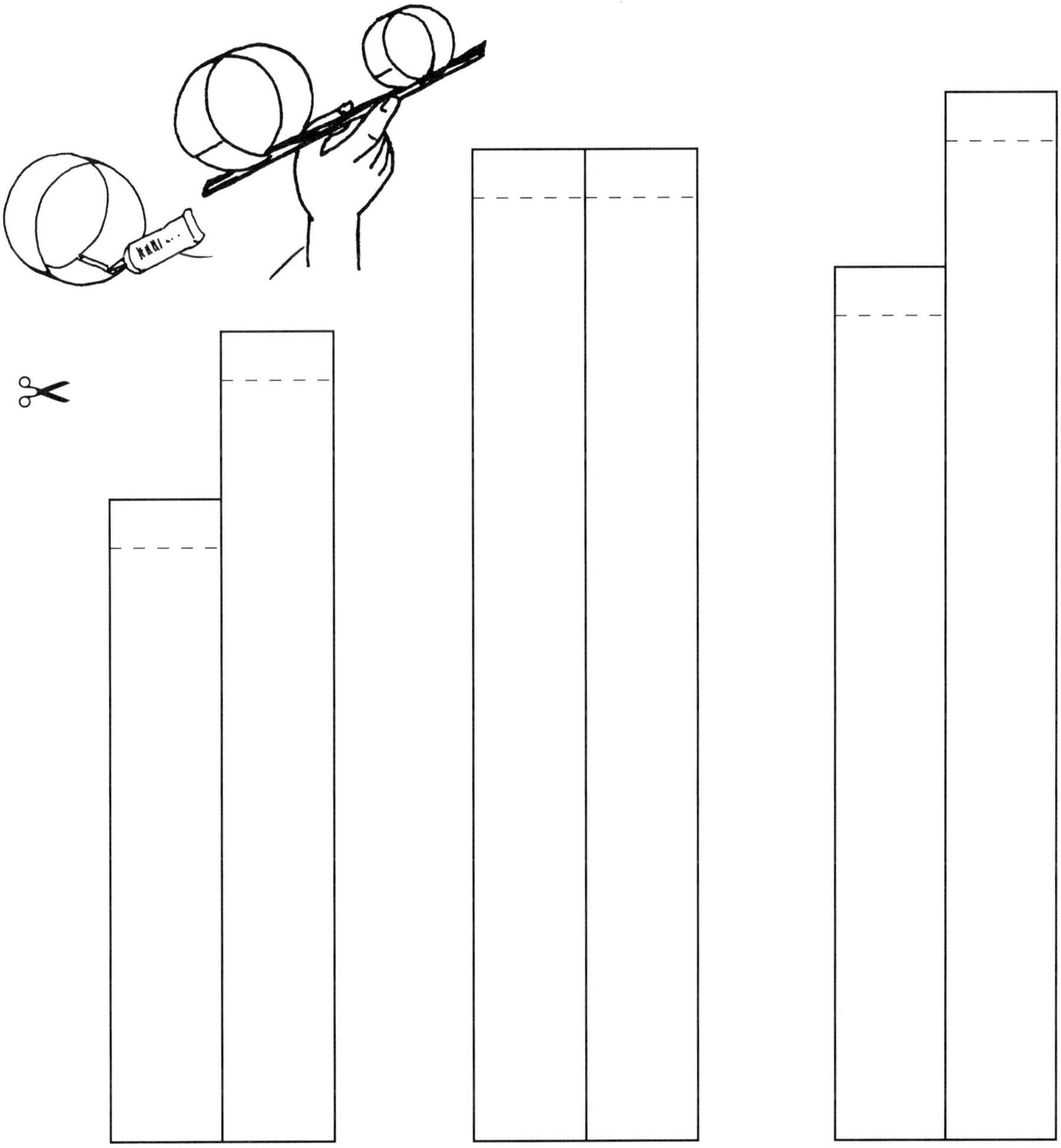

Doppelnull 1

Doppelnull 2

Doppelnull 3

Wasser

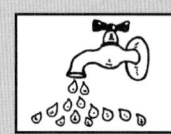

Hinweise

➡ Es empfiehlt sich, bei allen Versuchen ein Geschirrhandtuch unterzulegen.

➡ Des Weiteren sollten für etwaige „Überschwemmungen" stets weitere Handtücher bereitliegen.

➡ **Die Wasserrose:** Die Kopiervorlage mit zwei verschiedenen Rosen finden Sie auf der Seite 19.

➡ **Die Wasserkraft:** Bei diesem Versuch sind die Kinder unbedingt darauf hinzuweisen, dass sie die Plastiktüten auf keinen Fall über den Kopf ziehen dürfen.

➡ **Der Badeschreck:** Anstelle des Pfeffers kann auch ein kleines Papierdreieck auf die Wasseroberfläche gelegt werden.

Die Wasserrose

Benötigtes Material:
- ☐ ein Gefäß mit Wasser
- ☐ eine Blüte aus Papier
- ☐ eine Schere
- ☐ Kopiervorlage in gewünschter Anzahl

Der Wasserberg

Benötigtes Material:
- ☐ ein Glas mit Wasser
- ☐ Münzen
- ☐ ein Salzstreuer

Die schwimmende Nadel

Benötigtes Material:
- ☐ eine Büroklammer
- ☐ eine Nähnadel
- ☐ ein Glas mit Wasser

Der Badeschreck

Benötigtes Material:
- ☐ eine flache Schüssel mit Wasser
- ☐ Spülmittel
- ☐ ein Pfefferstreuer

Schwimmende Körper

Benötigtes Material:
- ☐ ein Gefäß mit Wasser
- ☐ Knetgummi

Die Wasserkraft

Benötigtes Material:
- ☐ eine größere Schüssel mit Wasser
- ☐ eine Plastiktüte

Rätselhafte Wasserstände

Benötigtes Material:
- ☐ ein Glas mit Wasser
- ☐ eine schwere Münze
- ☐ eine Streichholzschachtel
- ☐ ein Filzstift

Das U-Boot-Ei

Benötigtes Material:
- ☐ ein rohes Ei
- ☐ zwei Gläser mit Wasser
- ☐ Kochsalz
- ☐ ein Esslöffel

Das Glücksspiel

Benötigtes Material:
- ☐ ein Eimer
- ☐ Wasser
- ☐ ein Schnapsglas
- ☐ Münzen

Wassertröpfchen sichtbar machen

Benötigtes Material:
- ☐ eine Blattpflanze
- ☐ eine große durchsichtige Plastiktüte
- ☐ eine Schnur
- ☐ eine Gießkanne mit Wasser

I. Dröse/L. Weiß: Versuche im Sachunterricht der Grundschule

Die Wasserrose

Du brauchst:

- ❑ ein Gefäß mit Wasser
- ❑ eine Blüte aus Papier
- ❑ eine Schere

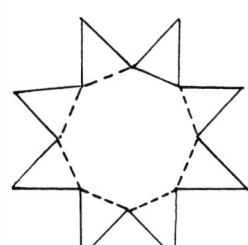 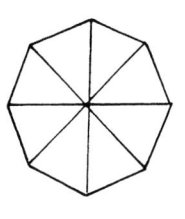 

So wird der Versuch durchgeführt:

1. Schneide die Blüte aus!

2. Falte die Blütenblätter nach innen!

3. Lege die Blüte mit den Blütenblättern nach oben vorsichtig auf das Wasser!
   Die Blüte sollte nun auf dem Wasser schwimmen.

Vermute, was passieren wird!

Die Wasserrose

Beobachtung:

- ❑ Die Blütenblätter öffnen sich im Zeitlupentempo.

Erklärung:

- ❑ Papier besteht zum größten Teil aus pflanzlichen Fasern.
- ❑ Diese Fasern ziehen das Wasser an. Dadurch quillt das Papier auf und die Blütenblätter der Papierblume öffnen sich.

© Auer Verlag

Kopiervorlage: Die Wasserrose

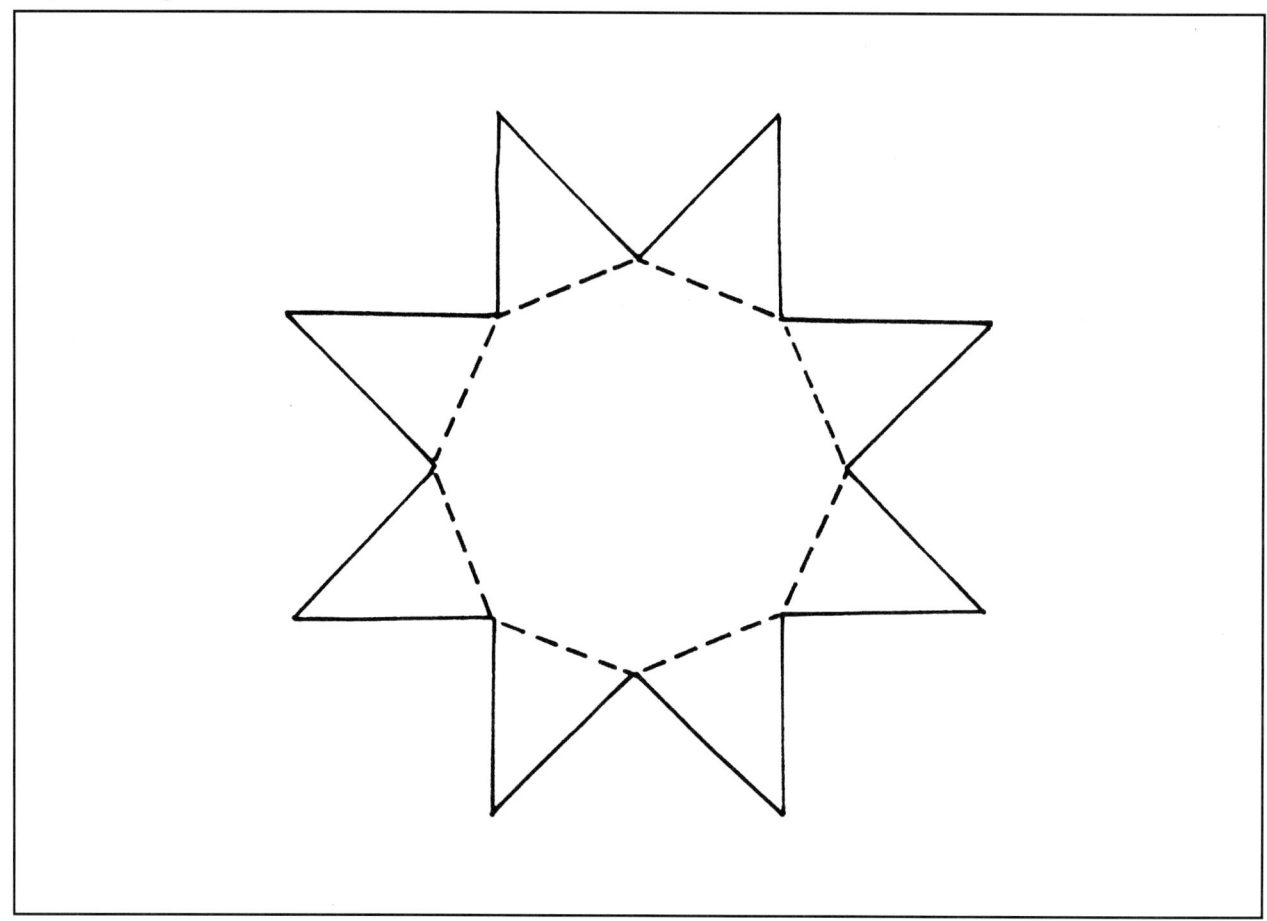

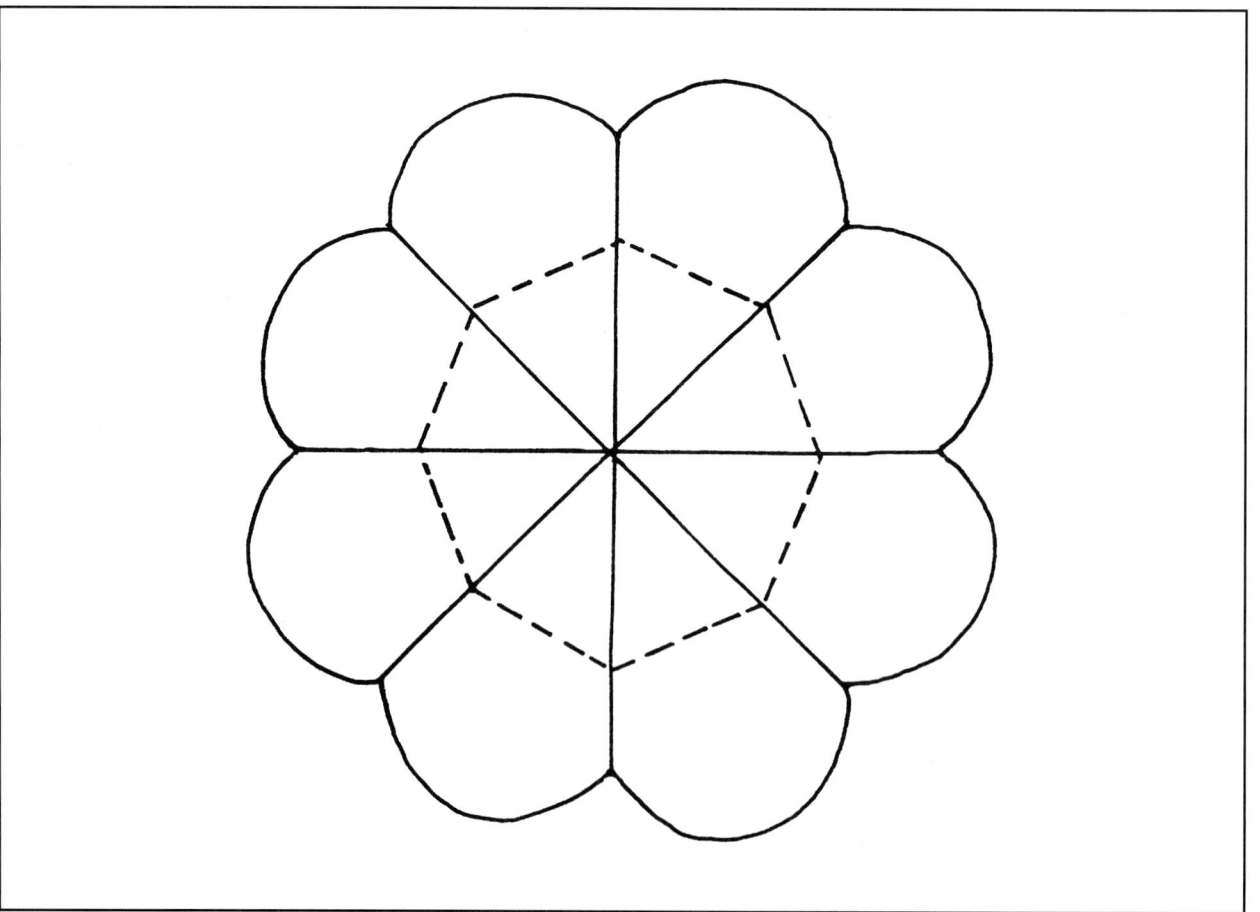

I. Dröse/L. Weiß: Versuche im Sachunterricht der Grundschule

Der Wasserberg

Du brauchst:

- ❑ ein Glas mit Waser
- ❑ Münzen
- ❑ einen Salzstreuer

So wird der Versuch durchgeführt:

1. Fülle das Glas bis ganz oben mit Wasser! Das Wasser darf nicht über den Rand laufen!
2. Lasse die Münzen behutsam ins Wasser gleiten!
3. Beobachte, wie sich der Wasserspiegel verändert!
4. Jetzt schüttest du den Inhalt des Salzstreuers langsam ins Glas.

Vermute, was passieren wird!

Aufgabe:

Schätze! Wie viele Münzen musst du ins Wasser gleiten lassen, bis das Wasser über den Glasrand schwappt?

Der Wasserberg

Beobachtung:

- ❑ Es formt sich ein Wasserberg. Dabei ist erstaunlich, wie viele Münzen man braucht, um das Wasser zum Überschwappen zu bringen.

Erklärung:

- ❑ Wasser besteht aus winzigen Teilchen, die man Moleküle nennt. Durch die Anziehungskraft dieser Moleküle entsteht die Oberflächenspannung des Wassers. Die Oberflächenspannung wiederum hält den Wasserberg.

- ❑ Die Salzkörner lösen sich im Wasser auf. Sie verteilen sich dabei zwischen den Molekülen, ohne dass der Wasserberg abläuft.

Die schwimmende Nadel

Du brauchst:

- ❑ eine Büro-klammer
- ❑ eine Nähnadel
- ❑ ein Glas mit Wasser

So wird der Versuch durchgeführt:

1. Wasche das Glas sorgfältig aus! Es dürfen sich keine Spülmittelreste mehr darin befinden.
2. Biege eine Büroklammer so, wie es das Bild oben zeigt!
3. Lege die Nadel nun auf beide Bögen der Klammer!
4. Lege beide in das mit Wasser gefüllte Glas!
5. Ziehe die Büroklammer vorsichtig aus dem Wasser!

Was kannst du beobachten?

Die schwimmende Nadel

Beobachtung:

- ❑ Die Nadel schwimmt; sie sinkt nicht.

Erklärung:

- ❑ Die Nadel wird von der Oberflächenspannung getragen, die das Wasser wie eine feine Haut überzieht.
- ➥ Warum dürfen sich im Glas keine Spülmittelreste befinden?

I. Dröse/L. Weiß: Versuche im Sachunterricht der Grundschule

Der Badeschreck

Du brauchst:

- ❑ eine flache Schüssel mit Wasser
- ❑ Spülmittel
- ❑ einen Pfeffer-streuer

So wird der Versuch durchgeführt:

1. Streue kräftig Pfeffer auf das Wasser, bis überall etwas Pfeffer ist!

2. Gib nun einen Tropfen Spülmittel an den Wasserrand!

Vermute, was passieren wird!

Der Badeschreck

Beobachtung:

- ❑ Die Pfefferkörner entfernen sich blitzartig vom Spülmittel-tropfen.

Erklärung:

- ❑ Das Spülmittel löst die Oberflächenspannung des Wassers auf. Dabei verschieben sich die Pfefferkörner.

I. Drose/L. Weiß: Versuche im Sachunterricht der Grundschule
© Auer Verlag

Schwimmende Körper

Du brauchst:

- ❑ ein Gefäß mit Wasser
- ❑ Knetgummi

So wird der Versuch durchgeführt:

Versuche, die Knete so zu formen, dass dein Körper nicht untergeht!

Wie muss dein Körper geformt sein?

Schwimmende Körper

Erklärung:

- ❑ Ein Knetgummiklumpen ist ein massiver Körper.
  Massive Körper gehen meist unter.

- ❑ Ist die Knete jedoch wie ein Boot geformt, schwimmt sie.
  Ein Boot verfügt über einen Hohlraum und verdrängt Wasser,
  und zwar genau so viel Wasser, wie es selber wiegt.

I. Dröse/L. Weiß: Versuche im Sachunterricht der Grundschule
© Auer Verlag

Die Wasserkraft

Du brauchst:

- ❑ eine größere Schüssel mit Wasser

- ❑ eine Plastik-tüte

So wird der Versuch durchgeführt:

1. Fülle die Schüssel zu etwa drei Viertel mit Wasser!

2. Greife mit einer Hand in die Plastiktüte!

3. Tauche mit dieser Hand in das Wasser!

Vermute, was passieren wird!

Die Wasserkraft

Beobachtung:

- ❑ Die Plastiktüte drückt sich fest an die Hand.

Erklärung:

- ❑ Hier wirkt die Kraft, die auch Gegenstände schwimmen lässt.

- ❑ Diese Wasserkraft entsteht dadurch, dass die Hand, wenn sie ins Wasser gleitet, Wasser zur Seite schiebt (verdrängt). Das verdrängte Wasser drückt gegen die Plastiktüte.

I. Drose/L. Weiß: Versuche im Sachunterricht der Grundschule
© Auer Verlag

Rätselhafte Wasserstände

Du brauchst:

- ❏ ein Glas mit Wasser
- ❏ eine schwere Münze
- ❏ eine Streich-holzschachtel
- ❏ einen Filzstift

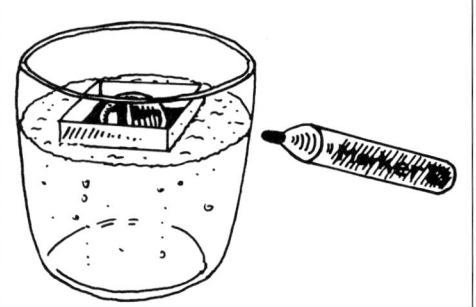

So wird der Versuch durchgeführt:

1. Fülle ein Glas mit Wasser!
2. Lege eine schwere Münze in eine Streichholzschachtel!
3. Lege die Streichholzschachtel mit der Münze vorsichtig auf das Wasser und lasse sie im Glas schwimmen!
4. Markiere den Wasserstand an der Glaswand!
5. Nimm nun die Münze aus der Schachtel und versenke sie im Wasser!

Vermute, was passieren wird!

Rätselhafte Wasserstände

Beobachtung:

- ❏ Der Wasserstand verändert sich. Er wird niedriger, wenn man die Münze aus der Schachtel nimmt und versenkt.

Erklärung:

- ❏ Die Münze macht die Schachtel schwerer. Die Schachtel sinkt etwas ein und verdrängt dabei Wasser. Ergebnis: Der Wasserstand steigt.

- ❏ Nimmt man die Münze aus der Schachtel heraus, wird die Schachtel leichter und verdrängt weniger Wasser. Der Wasserstand sinkt.

- ❏ Obwohl nun noch die Münze im Wasser versenkt wird, bleibt der Wasserstand niedrig. Die Münze nimmt trotz ihres Gewichtes im Vergleich zur beladenen Schachtel nur wenig Raum ein und verdrängt somit auch nur eine geringe Wassermenge.

I. Dröse/L. Weiß: Versuche im Sachunterricht der Grundschule
© Auer Verlag

Das U-Boot-Ei

Du brauchst:

- ❏ ein rohes Ei
- ❏ zwei Gläser mit Wasser
- ❏ Kochsalz
- ❏ einen Esslöffel

So wird der Versuch durchgeführt:

1. Fülle die Gläser mit Wasser!
2. Löse vier Esslöffel Salz in einem der beiden Gläser auf!
   ➡ Merke dir, in welchem der beiden Gläser das Salz aufgelöst ist!
3. Lege das Ei vorsichtig auf den Esslöffel und lasse es behutsam in das Wasser des Glases ohne Salz gleiten!
4. Nimm nun das Ei heraus und lasse es vorsichtig in das Salzwasserglas gleiten!

Vermute, was passieren wird!

Das U-Boot-Ei

Beobachtung:

- ❏ Das Ei in dem Glas ohne Salz sinkt auf den Boden.
- ❏ Im Salzwasserglas hingegen taucht es wieder auf und schwimmt an der Wasseroberfläche.

Erklärung:

- ❏ Je älter das Ei ist, desto größer ist die Luftkammer in dem Ei und umso eher stellt sich das Ei auf die Spitze, wenn es am Boden liegt.
- ❏ Das Salz lässt das Ei an der Wasseroberfläche schwimmen.
- ❏ Verdorbene oder angebrütete Eier haben eine besonders große Luftkammer. Sie schwimmen sogar ohne Zugabe von Salz.

Das Glücksspiel

Du brauchst:

- ❏ einen Eimer
- ❏ Wasser
- ❏ ein Schnaps-
  glas
- ❏ Münzen

So wird der Versuch durchgeführt:

1. Stelle das Schnapsglas in die Mitte des Wassereimers!

2. Fülle den Eimer mit Wasser!

3. Lasse die Münzen so ins Wasser fallen, dass sie das Schnapsglas treffen!

Was passiert genau?

Das Glücksspiel

Beobachtung:

- ❏ Es gelingt nur manchmal, das Schnapsglas zu treffen und die Münzen hineinfallen zu lassen.

Erklärung:

- ❏ Sobald die Münze im Wasser in eine Schieflage gerät, verändert sich der Wasserwiderstand. Der Schwerpunkt in der Mitte der Münze verändert sich und die Münze macht einen Bogen.

I. Dröse/L. Weiß: Versuche im Sachunterricht der Grundschule

Wassertröpfchen sichtbar machen

Du brauchst:

- ❏ eine Blattpflanze
- ❏ eine große durchsichtige Plastiktüte
- ❏ eine Schnur
- ❏ eine Gießkanne mit Wasser

So wird der Versuch durchgeführt:

1. Stülpe die Plastiktüte über die Pflanze!

2. Schnüre die Tüte knapp über der Erde vorsichtig so fest zu, dass keine Luft hineinkommen kann!

3. Gieße die Pflanze kräftig mit Wasser! Stelle sie nun in die Sonne und warte ein paar Stunden!

Was stellst du fest?

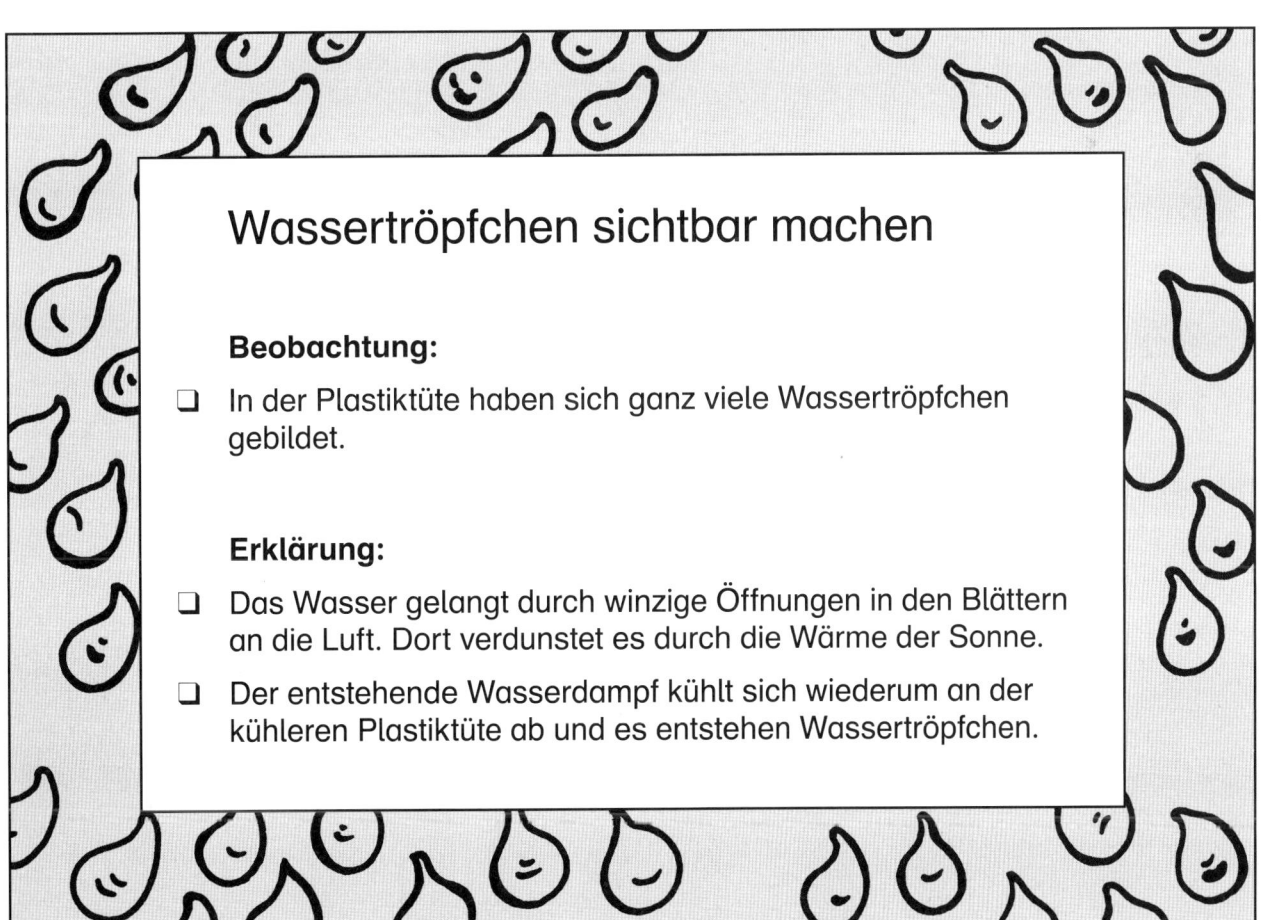

Wassertröpfchen sichtbar machen

Beobachtung:

- ❏ In der Plastiktüte haben sich ganz viele Wassertröpfchen gebildet.

Erklärung:

- ❏ Das Wasser gelangt durch winzige Öffnungen in den Blättern an die Luft. Dort verdunstet es durch die Wärme der Sonne.

- ❏ Der entstehende Wasserdampf kühlt sich wiederum an der kühleren Plastiktüte ab und es entstehen Wassertröpfchen.

I. Drose/L. Weiß: Versuche im Sachunterricht der Grundschule
© Auer Verlag

Licht und Schatten

Hinweise

➡ Bei dem Versuch **Regenbogen – selbst gemacht** sind die Kinder unbedingt darauf hinzuweisen, dass sie nicht in die Sonne oder deren Spiegelbild blicken dürfen.

Doppelt sehen

Benötigtes Material:
- ☐ ein Glas
- ☐ ein Krug mit Wasser
- ☐ ein Knopf
- ☐ eine Unterlage

Geknickte Trinkhalme

Benötigtes Material:
- ☐ ein Glas mit Wasser
- ☐ Trinkhalme

Die Wasserlupe

Benötigtes Material:
- ☐ ein großer Joghurtbecher
- ☐ ein Gummiring
- ☐ Frischhaltefolie
- ☐ kleine Gegenstände
- ☐ etwas Wasser

Regenbogen – selbst gemacht

Benötigtes Material:
- ☐ ein niedriges Gefäß
- ☐ Wasser
- ☐ ein Spiegel
- ☐ ein Glas

Ein Auge basteln

Benötigtes Material:
- ☐ Karton
- ☐ Pergamentpapier
- ☐ eine Schere
- ☐ Klebeband
- ☐ eine Lupe
- ☐ eine (Tisch-)Lampe
- ☐ ein Gegenstand

Der unendliche Blick

Benötigtes Material:
- ☐ ein Standspiegel
- ☐ ein Taschenspiegel

Ein billiges Fernrohr

Benötigtes Material:
- ☐ etwas, das nicht so gut zu erkennen ist, weil es weit weg ist, z. B. die Überschrift eines Plakates

Die Irrgartenkartoffel

Benötigtes Material:
- ☐ eine vorgekeimte Kartoffel
- ☐ ein Blumentopf mit feuchter Erde
- ☐ ein Blumentopfuntersetzer
- ☐ ein Schuhkarton
- ☐ Karton
- ☐ eine Schere
- ☐ Klebeband

Eine einfache Sonnenuhr

Benötigtes Material:
- ☐ ein größerer Blumentopf aus Ton
- ☐ ein Stab
- ☐ ein Filzstift

I. Dröse/L. Weiß: Versuche im Sachunterricht der Grundschule
© Auer Verlag

Doppelt sehen

Du brauchst:

- ❏ ein Glas
- ❏ einen Krug mit Wasser
- ❏ einen Knopf
- ❏ eine Unterlage

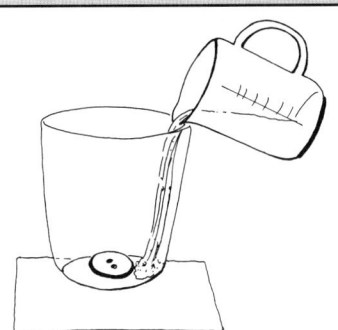

So wird der Versuch durchgeführt:

1. Lege den Knopf genau in die Mitte des Glases!

2. Gieße vorsichtig etwas Wasser in das Glas! Der Knopf darf sich dabei nicht bewegen.

3. Betrachte das Glas nun von der Seite!

Was fällt dir auf?

Doppelt sehen

Beobachtung:

- ❏ *Von oben* betrachtet, liegt der Knopf auf dem Boden des Glases.

- ❏ *Von der Seite* betrachtet, sieht es so aus, als würde der Knopf über dem Boden des Glases schweben.

Erklärung:

- ❏ Wenn das Licht durch das Wasser geht, wird es abgelenkt. Man sagt, das Licht wird gebrochen. Unsere Augen können das aber nicht erkennen. Deshalb meinen wir, den Knopf von der Seite schweben zu sehen.

I. Drose/L. Weiß: versuche im Sachunterricht der Grundschule
© Auer Verlag

Geknickte Trinkhalme

Du brauchst:

❑ ein Glas mit Wasser

❑ Trinkhalme

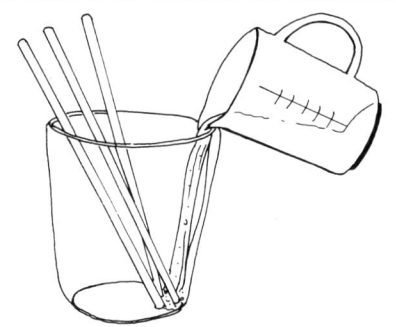

So wird der Versuch durchgeführt:

1. Stelle die Trinkhalme in das Glas!

2. Betrachte das Glas von der Seite!

Was fällt dir auf?

Geknickte Trinkhalme

Beobachtung:

❑ Die Halme scheinen dort geknickt zu sein, wo sie in das Wasser eintauchen.

Erklärung:

❑ Wenn das Licht durch das Wasser geht, wird es abgelenkt. Man sagt, das Licht wird gebrochen. Unsere Augen können das aber nicht erkennen. Deshalb meinen wir, die Trinkhalme von der Seite geknickt zu sehen.

I. Dröse/L. Weiß: Versuche im Sachunterricht der Grundschule

Die Wasserlupe

Du brauchst:

- ❑ einen großen Joghurtbecher
- ❑ einen Gummiring
- ❑ Frischhaltefolie
- ❑ kleine Gegenstände
- ❑ etwas Wasser

So wird der Versuch durchgeführt:

1. Lege die Gegenstände in den Joghurtbecher!

2. Befestige die Folie mit Hilfe des Gummiringes über dem Becher! Drücke die Folie dabei in der Mitte etwas ein, sodass eine kleine Vertiefung entsteht!

3. Gieße etwas Wasser in die Vertiefung und blicke dann in den Becher!

Was stellst du fest?

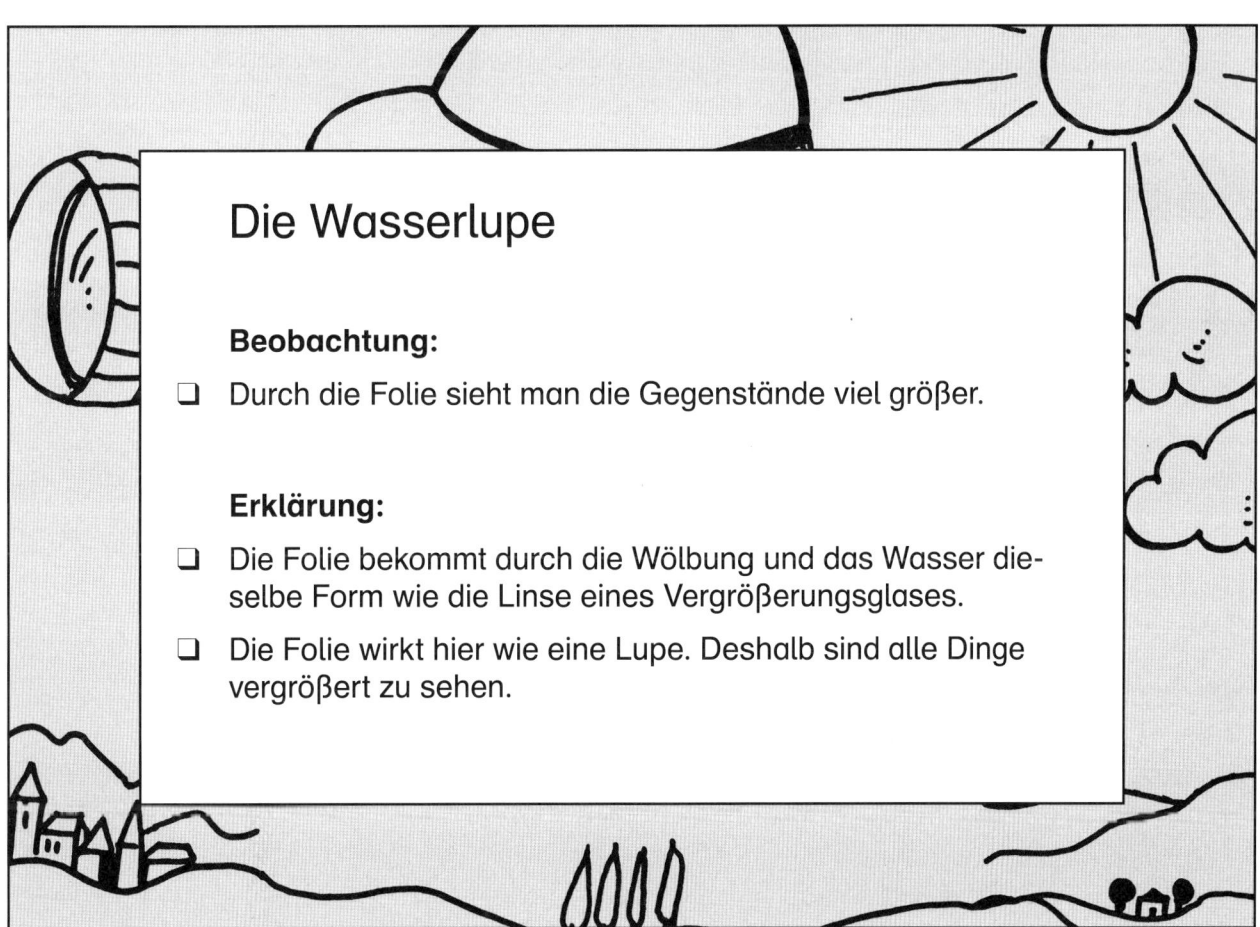

Die Wasserlupe

Beobachtung:

- ❑ Durch die Folie sieht man die Gegenstände viel größer.

Erklärung:

- ❑ Die Folie bekommt durch die Wölbung und das Wasser dieselbe Form wie die Linse eines Vergrößerungsglases.

- ❑ Die Folie wirkt hier wie eine Lupe. Deshalb sind alle Dinge vergrößert zu sehen.

Regenbogen – selbst gemacht

Du brauchst:

❑   ein niedriges
    Gefäß

❑   Wasser

❑   einen Spiegel

❑   ein Glas

So wird der Versuch durchgeführt:

An einem sonnigen Tag kannst du einen Regenbogen entstehen lassen.

1. Gieße etwas Wasser in das Gefäß!
2. Stelle den Spiegel schräg ins Wasser!
3. Stelle nun das Gefäß so ans Fenster, dass Sonnenlicht auf den Spiegel fällt.
4. Halte den Spiegel so, dass das Licht, das durch das Wasser fällt, vom Spiegel reflektiert wird.
    Du müsstest nun an der Wand einen schwachen Regenbogen erkennen können.

Tipp: Wenn die Wand im Zimmer nicht weiß sein sollte, halte einfach ein großes Stück weißes Papier davor!

Versuche, deine Beobachtung zu erklären!

Regenbogen – selbst gemacht

Beobachtung:

❑   An der Wand ist ein Regenbogen zu sehen.

Erklärung:

❑   Das Tageslicht erscheint uns „farblos". Dieses vermeintlich farblose Licht enthält aber alle Farben des Regenbogens.

❑   Wasser kann „farbloses" Licht in die Regenbogenfarben aufspalten. Beim Eintreten ins Wasser und beim Austreten aus dem Wasser wird das „farblose" Licht der Sonne in ein farbiges Regenbogenband zerlegt und durch den Spiegel an die Wand geworfen.

I. Dröse/L. Weiß: Versuche im Sachunterricht der Grundschule

Ein Auge basteln

Du brauchst:

- ❏ Karton
- ❏ Pergamentpapier
- ❏ eine Schere
- ❏ Klebeband
- ❏ eine Lupe
- ❏ eine (Tisch-)Lampe
- ❏ einen Gegenstand

So wird der Versuch durchgeführt:

1. Schneide ein Fenster aus dem Karton!
2. Klebe das Pergamentpapier darüber!
3. Halte den Rahmen zwischen Gesicht und Lupe!
4. Beleuchte den Gegenstand mit der Lampe und schaue ihn durch Rahmen und Lupe an!
5. Bewege die Lupe so lange vor und zurück, bis ein scharfes Bild des Gegenstandes auf dem Pergamentpapier erscheint!

Was stellst du fest?

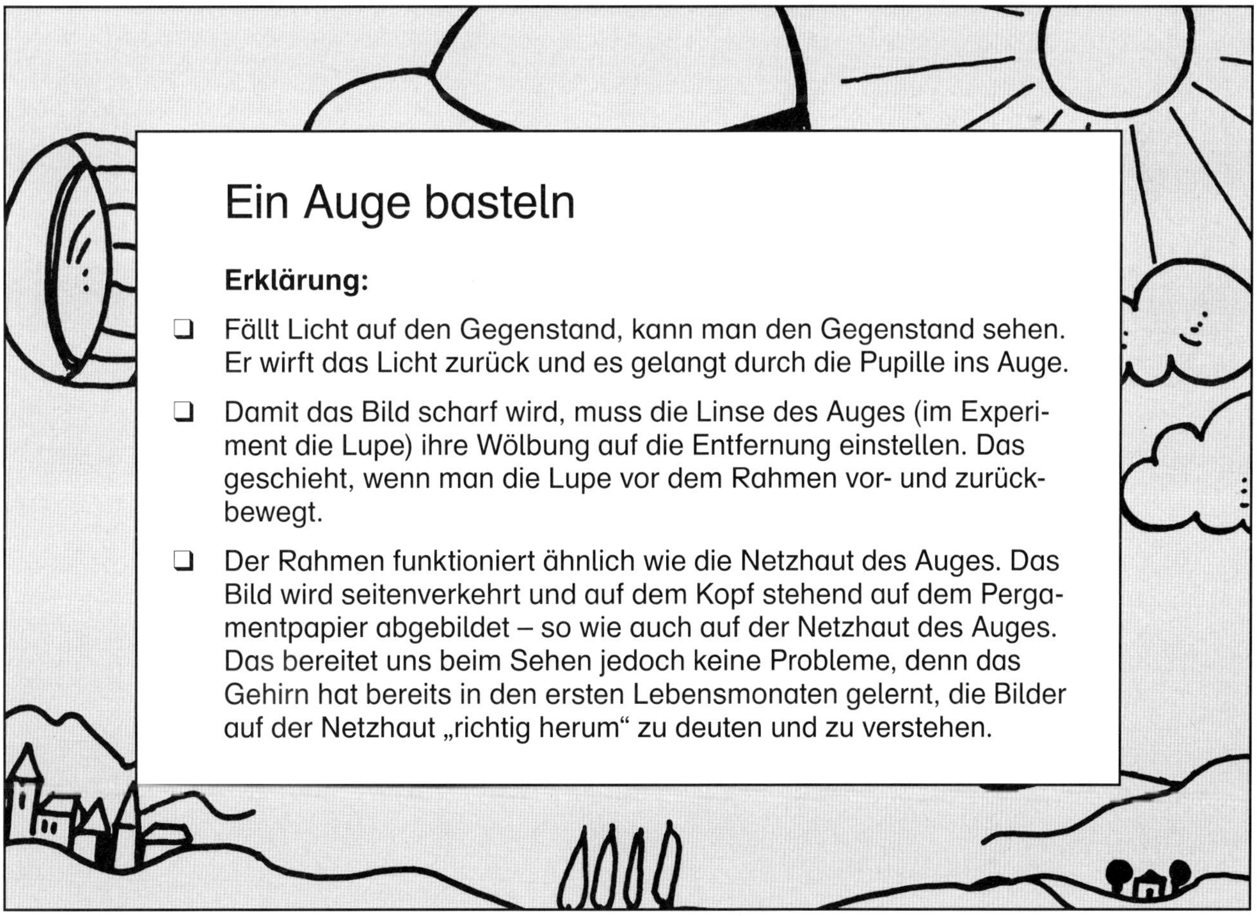

Ein Auge basteln

Erklärung:

- ❏ Fällt Licht auf den Gegenstand, kann man den Gegenstand sehen. Er wirft das Licht zurück und es gelangt durch die Pupille ins Auge.

- ❏ Damit das Bild scharf wird, muss die Linse des Auges (im Experiment die Lupe) ihre Wölbung auf die Entfernung einstellen. Das geschieht, wenn man die Lupe vor dem Rahmen vor- und zurückbewegt.

- ❏ Der Rahmen funktioniert ähnlich wie die Netzhaut des Auges. Das Bild wird seitenverkehrt und auf dem Kopf stehend auf dem Pergamentpapier abgebildet – so wie auch auf der Netzhaut des Auges. Das bereitet uns beim Sehen jedoch keine Probleme, denn das Gehirn hat bereits in den ersten Lebensmonaten gelernt, die Bilder auf der Netzhaut „richtig herum" zu deuten und zu verstehen.

Der unendliche Blick

Du brauchst:

- ❏ einen Stand-
  spiegel
- ❏ einen Taschen-
  spiegel

So wird der Versuch durchgeführt:

1. Halte den Taschenspiegel mit der Rückseite vor das eine Auge!

2. Mit dem anderen Auge blickst du in den stehenden Spiegel.

3. Halte den Taschenspiegel so, dass du eine unendliche Reihe von Spiegeln siehst!

Versuche zu erklären!

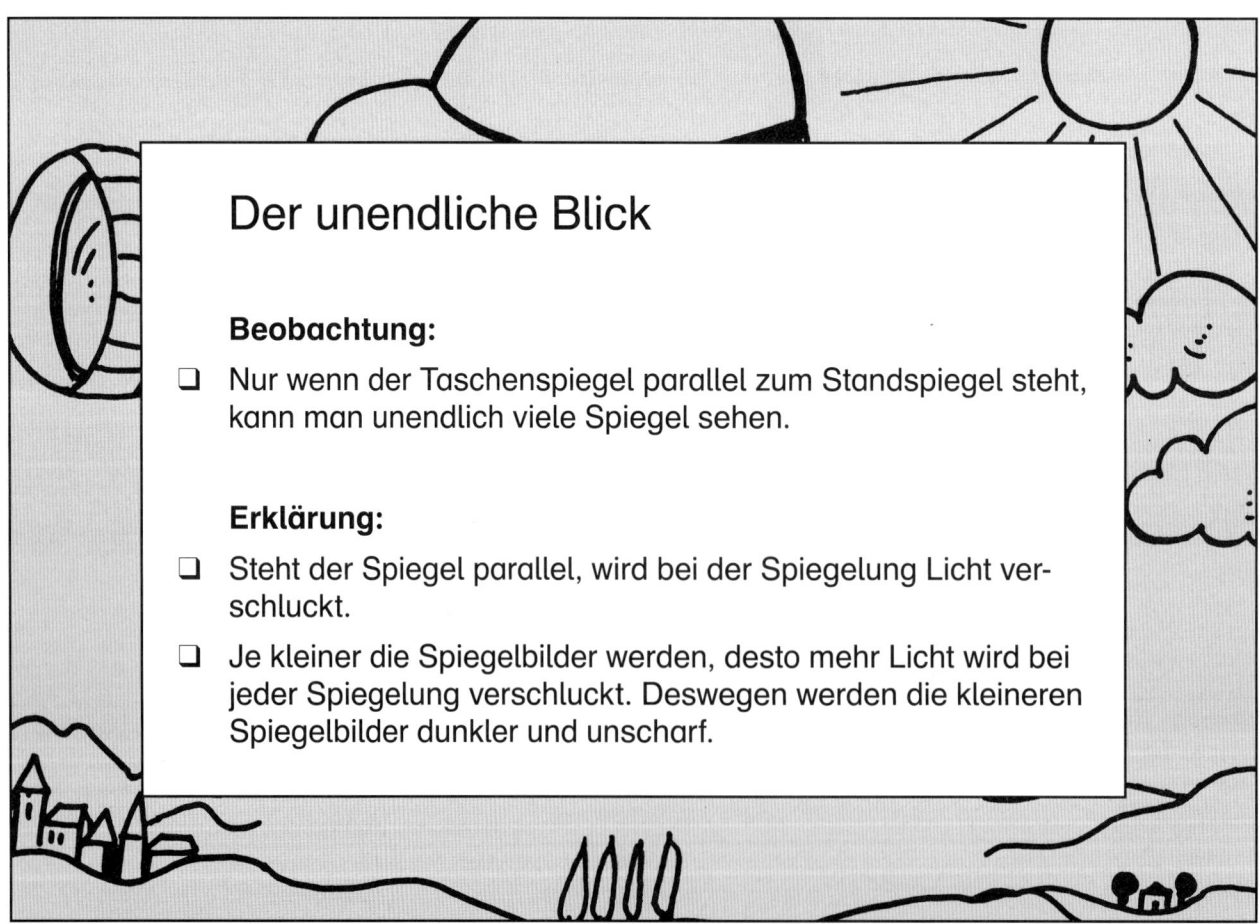

Der unendliche Blick

Beobachtung:

- ❏ Nur wenn der Taschenspiegel parallel zum Standspiegel steht, kann man unendlich viele Spiegel sehen.

Erklärung:

- ❏ Steht der Spiegel parallel, wird bei der Spiegelung Licht ver-schluckt.

- ❏ Je kleiner die Spiegelbilder werden, desto mehr Licht wird bei jeder Spiegelung verschluckt. Deswegen werden die kleineren Spiegelbilder dunkler und unscharf.

I. Dröse / L. Weiß: Versuche im Sachunterricht der Grundschule

Ein billiges Fernrohr

Du brauchst:

❏ etwas, das du nicht so gut erkennen kannst, weil es weit weg ist, z. B. die Überschrift eines Plakates

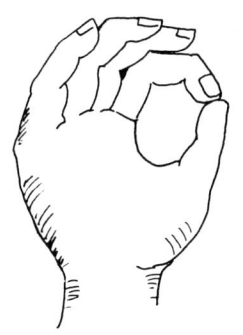

So wird der Versuch durchgeführt:

1. Bilde mit Daumen und Zeigefinger den Buchstaben O!

2. Schließe ein Auge!

3. Halte das „O" vor das geöffnete Auge und lasse es immer kleiner werden, bis nur noch ein kleiner Spalt zu sehen ist!

Was stellst du fest?

Ein billiges Fernrohr

Beobachtung:

❏ Die Buchstaben erscheinen vergrößert.

Erklärung:

❏ Das Licht wird „gebeugt". Das bedeutet, dass die durch das kleine Loch einfallenden Lichtstrahlen verbreitert werden.

I. Drüse/L. Weiß: Versuche im Sachunterricht der Grundschule
© Auer Verlag

Die Irrgartenkartoffel

Du brauchst:

❏ eine vorgekeimte Kartoffel
❏ einen Blumentopf mit feuchter Erde
❏ einen Blumentopf- untersetzer
❏ einen Schuhkarton
❏ Karton
❏ eine Schere
❏ Klebeband

So wird der Versuch durchgeführt:
1. Schneide mehrere Stücke Karton als Zwischenwände für den Schuhkarton zu!
2. Klebe die Zwischenwände wie oben abgebildet mit dem Klebeband in den Schuhkarton! Achtung: Es muss jeweils eine schmale Lücke bleiben!
3. Schneide ein Loch in die gegenüberliegende Querseite des Schuhkartons!
4. Pflanze die Kartoffel in den Blumentopf und gieße sie!
5. Stelle den Blumentopf mit dem Untersetzer in den Schuhkarton! Achtung: Der Blumentopf muss an der Querseite ohne Loch stehen!
6. Schließe den Karton und stelle ihn ans Fenster!
7. Warte ein paar Tage!

Was stellst du fest?

Die Irrgartenkartoffel

Beobachtung:

❏ Die Kartoffelpflanze sucht sich ihren Weg durch den „Irr- garten" hin zum Ausgangsloch.

Erklärung:

❏ Pflanzen haben lichtempfindliche Zellen, die die Richtung des Wachstums lenken. Selbst der geringe Lichteinfall durch das Loch in der Seitenwand reicht aus, der Pflanze den Weg zum Licht zu weisen.

❏ Die Pflanze ist etwas bleicher als sonst, weil sich das Blatt- grün (Chlorophyll) nicht im Dunkeln (ohne Licht) bilden kann.

I. Dröse/L. Weiß: Versuche im Sachunterricht der Grundschule

Eine einfache Sonnenuhr

Du brauchst:

- ❏ einen größeren Blumentopf aus Ton
- ❏ einen Stab
- ❏ einen Filzstift

So wird der Versuch durchgeführt:

1. Stelle den Blumentopf an einen sonnigen Ort! Unter dem Topf sollte sich Erde befinden.
2. Stecke den Stab senkrecht durch das Bodenloch! Die Erde unter dem Topf verhindert, dass der Stab umfällt.
3. Zeichne zu jeder vollen Stunde einen Strich auf den Blumentopfrand!

Beobachte, was passiert!

Eine einfache Sonnenuhr

Beobachtung:

- ❏ Der Schatten des Stabes folgt der Bewegung der Sonne und wandert am Topfrand entlang.
- ❏ Wenn die Sonne scheint, kannst du anhand deiner Markierungen die Uhrzeit ablesen.

Erklärung:

- ❏ Die Erde dreht sich um die Sonne. Dabei zieht die Sonne eine scheinbar halbkreisförmige Bahn von Osten nach Westen und wirft die eingezeichnete „Schattenbahn".

  ➡ Wann ist der Schatten des Stabes am kürzesten? Warum?

I. Drose / L. Weiß: versuche im Sachunterricht der Grundschule
© Auer Verlag

Akustik

Das Dosentelefon

Benötigtes Material:
- ☐ zwei Dosen oder zwei Joghurtbecher
- ☐ zwei Streichhölzer
- ☐ Paketschnur
- ☐ ein Spitzbohrer

Die Schallkanone

Benötigtes Material:
- ☐ eine Pappröhre
- ☐ Plastikfolie
- ☐ Klebeband
- ☐ eine Schere
- ☐ ein Teelicht und / oder ein Streifen Papier

Schwingungen sehen

Benötigtes Material:
- ☐ eine runde Kuchenform
- ☐ Plastikfolie
- ☐ Klebeband
- ☐ ein Backblech
- ☐ ein Holzlöffel
- ☐ Reiskörner

Der Stimmgabeltest

Benötigtes Material:
- ☐ ein Glas mit Wasser
- ☐ eine Stimmgabel

Der Murmeltest

Benötigtes Material:
- ☐ fünf Murmeln

Das Echo

Benötigtes Material:
- ☐ mehrere Bücher
- ☐ zwei Pappröhren
- ☐ ein Teller
- ☐ eine Korkplatte
- ☐ ein Wecker
- ☐ ein Lineal

Die Gummigitarre

Benötigtes Material:
- ☐ Gummiringe unterschiedlicher Stärke
- ☐ drei Farbstifte
- ☐ eine Backform

I. Dröse/L. Weiß: Versuche im Sachunterricht der Grundschule

Das Dosentelefon

Du brauchst:

- ❑ zwei Dosen oder zwei Joghurtbecher
- ❑ zwei Streichhölzer
- ❑ Paketschnur
- ❑ einen Spitzbohrer

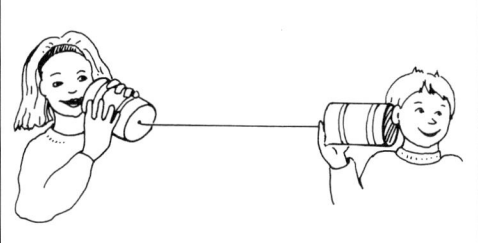 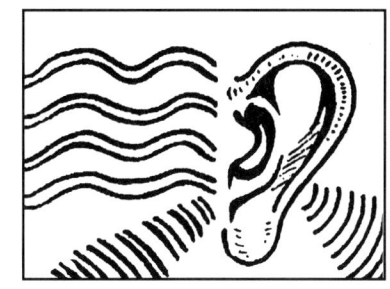

So wird der Versuch durchgeführt:

1. Bohre durch den Boden jeder Dose ein kleines Loch!
2. Stecke die Schnurenden von außen durch die Löcher! Binde innen an jedes Schnurende ein Streichholz!
3. Dein Partner bekommt die eine Dose, du behältst die andere. Lauft soweit auseinander, bis die Schnur gespannt ist!
4. Jetzt könnt ihr miteinander sprechen und telefonieren.

Versuche zu erklären!

Das Dosentelefon

Erklärung:

- ❑ Die Becher sind durch die Schnur miteinander verbunden. Wenn du in den Becher sprichst, erzeugt deine Stimme Schallwellen. Diese versetzen die Schnur in Schwingungen. Die Schwingungen setzen sich im zweiten Becher fort. Dort erreichen sie das Ohr der Person, die dir zuhört.

- ❑ Die Schnur leitet den Schall besser als Luft. Das Flüstern, das ohne Schnurtelefon nicht vernehmbar war, kannst du nun mit Hilfe des Schnurtelefons hören.

Die Schallkanone

Du brauchst:

- ❑ eine Pappröhre
- ❑ Plastikfolie
- ❑ Klebeband
- ❑ eine Schere
- ❑ ein Teelicht
  und / oder einen
  Streifen Papier

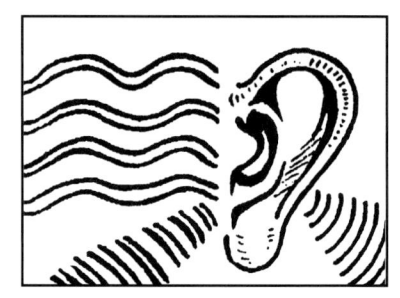

So wird der Versuch durchgeführt:

1. Verschließe die beiden Enden der Röhre mit der Plastikfolie!
2. Schneide dann auf beiden Seiten ein kleines Loch in die Plastikfolie!
3. Richte nun das Loch auf das brennende Teelicht oder auf den Streifen Papier, der geknickt und mit einer Seite auf dem Tisch festgeklebt ist!
4. Schlage leicht gegen die andere Seite der Röhre!

Was kannst du beobachten?

Die Schallkanone

Beobachtung:

- ❑ Es entsteht ein Geräusch wie bei einer kleinen Trommel.
- ❑ Die Luftschwingungen bewirken, dass Luft aus dem Loch an der anderen Seite heraustritt.

Erklärung:

- ❑ Der Luftzug hat so viel Energie, dass er die Kerze auslöscht bzw. den Papierstreifen bewegt.

I. Dröse/L. Weiß: Versuche im Sachunterricht der Grundschule

Schwingungen sehen

Du brauchst:

- ❏ eine runde Kuchenform
- ❏ Plastikfolie
- ❏ Klebeband
- ❏ ein Backblech
- ❏ einen Holzlöffel
- ❏ Reiskörner

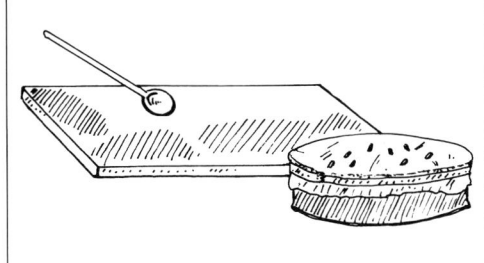
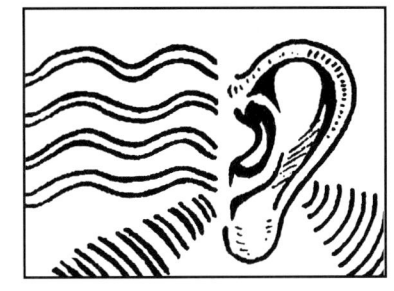

So wird der Versuch durchgeführt:

1. Spanne die Plastikfolie über die Kuchenform und klebe die Folie mit dem Klebeband fest!
2. Streue Reiskörner auf die gespannte Folie!
3. Nimm das Backblech in die eine Hand, den Holzlöffel in die andere!
4. Halte das Backblech nahe an die Kuchenform und schlage mehrmals rasch hintereinander mit dem Kochlöffel auf das Backblech!

Was kannst du beobachten? Versuche zu erklären!

Schwingungen sehen

Beobachtung:

- ❏ Die Reiskörner springen auf und ab.

Erklärung:

- ❏ Wenn du auf das Backblech schlägst, gerät das Backblech in Schwingung und es entsteht ein Geräusch.

- ❏ Dabei wird auch die umgebende Luft zum Schwingen angeregt. Diese Schallwellen breiten sich in der Luft aus, treffen auf die Kuchenform und bringen sie ebenfalls zum Schwingen. Deshalb tanzen die Reiskörner auf und ab.

I. Drose / L. Weiß: Versuche im Sachunterricht der Grundschule
© Auer Verlag

Der Stimmgabeltest

Du brauchst:

- ❑ ein Glas mit Wasser

- ❑ eine Stimm-
  gabel

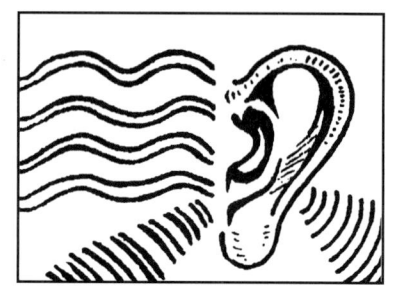

So wird der Versuch durchgeführt:

Schlage die Stimmgabel an und halte sie in ein Glas mit Wasser!

Was kannst du beobachten?

Der Stimmgabeltest

Beobachtung und Erklärung:

- ❑ Das Wasser spritzt auf, weil sich die Luftschwingungen auch auf der Wasseroberfläche ausbreiten.

I. Dröse/L. Weiß: Versuche im Sachunterricht der Grundschule

Der Murmeltest

Du brauchst:

❑ fünf Murmeln

  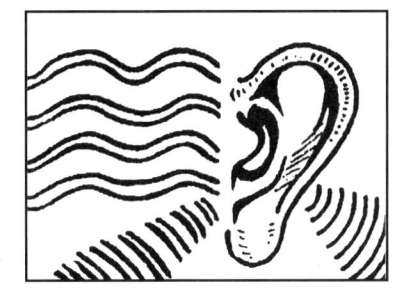

So wird der Versuch durchgeführt:

1. Lege vier Murmeln in einer Reihe hintereinander!

2. Schnipse die fünfte Murmel so an, dass sie auf das hintere Ende der Reihe stößt!

Was kannst du beobachten? Versuche zu erklären!

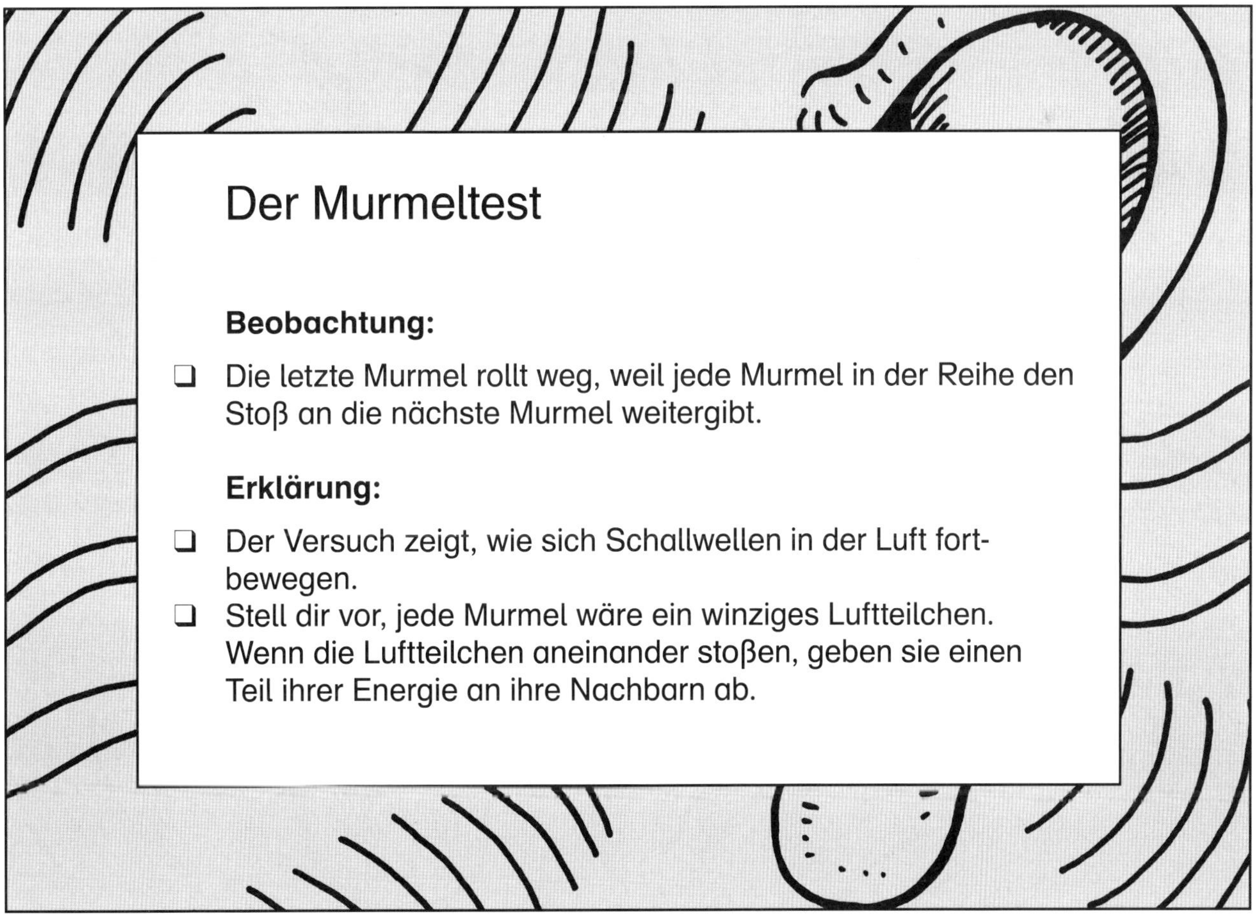

✂ -

Der Murmeltest

Beobachtung:

❑ Die letzte Murmel rollt weg, weil jede Murmel in der Reihe den Stoß an die nächste Murmel weitergibt.

Erklärung:

❑ Der Versuch zeigt, wie sich Schallwellen in der Luft fortbewegen.

❑ Stell dir vor, jede Murmel wäre ein winziges Luftteilchen. Wenn die Luftteilchen aneinander stoßen, geben sie einen Teil ihrer Energie an ihre Nachbarn ab.

I. Dröse / L. Weiß: Versuche im Sachunterricht der Grundschule
© Auer Verlag

Das Echo

Du brauchst:

- ❏ mehrere Bücher
- ❏ zwei Pappröhren
- ❏ einen Teller
- ❏ eine Korkplatte
- ❏ einen Wecker
- ❏ ein Lineal

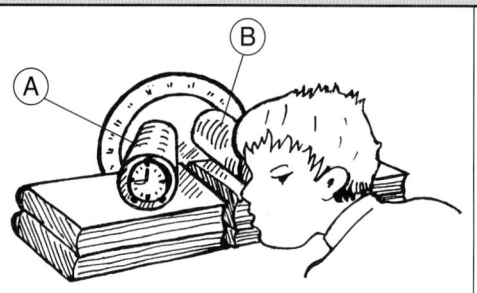

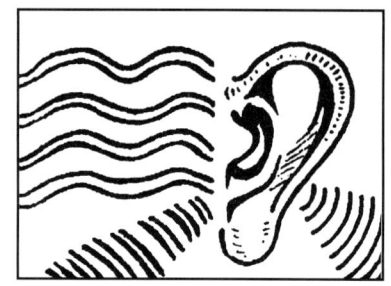

So wird der Versuch durchgeführt:

1. Baue zwei gleich hohe Bücherstapel!
2. Lege auf jeden Stapel eine Pappröhre!
3. Stelle einen Wecker in das vordere Ende der Röhre Ⓐ!

Aufgabe A
Lege das Ohr an die Röhre Ⓑ!

Aufgabe B
Dein Partner hält nun den Teller dicht vor die hinteren Enden der beiden Röhren.

Aufgabe C
Tauscht den Teller durch die Korkplatte aus!

Was stellst du fest? Versuche zu erklären!

Das Echo

Beobachtungen und Erklärungen:

- ❏ **Aufgabe A:** Du kannst das Ticken des Weckers nicht oder nur sehr schwer hören.

- ❏ **Aufgabe B:** Du kannst das Ticken des Weckers hören.
  Die Schallwellen des Weckers wandern durch die erste Röhre.
  Sie werden vom Teller zurückgeworfen und gelangen durch die zweite Röhre an dein Ohr.

- ❏ **Aufgabe C:** Du kannst nichts oder nur sehr wenig hören.
  Das liegt daran, dass der weiche Kork die Schallwellen verschluckt.

I. Dröse/L. Weiß: Versuche im Sachunterricht der Grundschule

Die Gummigitarre

Du brauchst:

❑ Gummiringe unterschiedlicher Stärke

❑ drei Farbstifte

❑ eine Backform

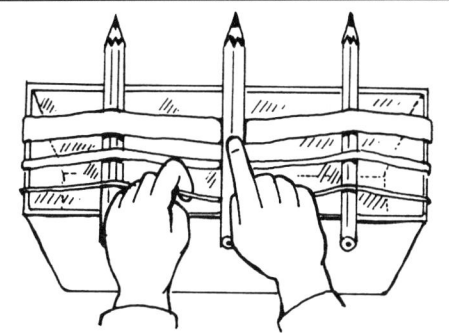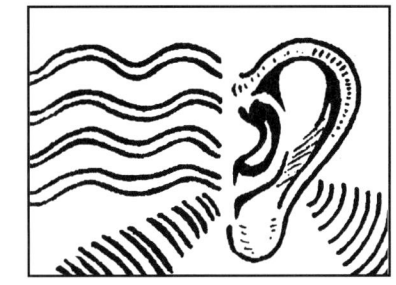

So wird der Versuch durchgeführt:

1. Ziehe die Gummiringe über die Backform! Zupfe die Gummis an!

2. Schiebe nun an beiden Enden der Backform je einen Stift unter die Gummis! Zupfe wieder!

3. Drücke nun den dritten Stift auf die Gummiringe und schiebe ihn hin und her, während du zupfst!

Was kannst du beobachten?

Die Gummigitarre

Beobachtungen und Erklärungen:

❑ Zu 1. **Erstes Zupfen:** Es klingt ziemlich matt und gedämpft, weil die schwingenden Gummis oben am Blech reiben.

❑ Zu 2. **Zweites Zupfen:** Der Klang ist viel heller als vorher. Dicke, stärkere Gummis klingen tiefer als dünne Gummis. Das liegt daran, dass die dicken Gummis nicht so schnell schwingen wie die dünnen. Weil die Stifte die Gummiringe über der Backform hoch halten, werden die Schwingungen beim Zupfen besser übertragen.

❑ Zu 3. **Drittes Zupfen:** Die Tonhöhe ändert sich. Wenn du den schwingenden Teil des Gummis verkürzt, gibt er einen höheren Ton ab.

Magnetismus

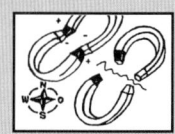

Hinweise

➡ Magnete können an Wirkungskraft verlieren, wenn sie unsachgemäß behandelt oder aufbewahrt werden. Sie sollten weder fallen gelassen noch auf sie geschlagen werden. Bitte darauf achten, dass beim Aufbewahren ungleichnamige Pole aneinander bzw. nebeneinander liegen.

➡ **Der Streichholzschachtelkompass:** Die Kopiervorlage mit den Windrosen finden Sie auf der Seite 56.

➡ **Das Magnetboot:** Die Bastelanleitung für das Papierschiff finden Sie auf der Seite 71.

➡ **Das sichtbare Magnetfeld:** Eisenspäne kann man beim Schrotthändler oder in Metall verarbeitenden Betrieben beziehen. Sie können die Späne aber auch selber mit der Feile herstellen.

Der Liebestest

Benötigtes Material:
- ☐ zwei Stabmagnete
- ☐ ein Reagenzglas

Das sichtbare Magnetfeld

Benötigtes Material:
- ☐ zwei Stabmagnete
- ☐ Eisenspäne
- ☐ eine (Plexi-)Glasscheibe
- ☐ Papier
- ☐ vier Kreiden

Das Magnetboot

Benötigtes Material:
- ☐ eine flache Plastikwanne mit Wasser
- ☐ ein Papierschiff
- ☐ kleine Eisennägel, Büroklammern
- ☐ ein starker Stabmagnet

Formel 1

Benötigtes Material:
- ☐ zwei Stabmagnete
- ☐ ein Stift
- ☐ Papier (Mindestgröße: DIN A4)

Der Wasserkompass

Benötigtes Material:
- ☐ ein Styroporstück
- ☐ ein Stabmagnet
- ☐ eine größere Schüssel mit Wasser

Magnete – selbst gemacht

Benötigtes Material:
- ☐ ein Eisennagel
- ☐ ein Stabmagnet
- ☐ Büroklammern

Der Streichholzschachtelkompass

Benötigtes Material:
- ☐ eine leere Streichholzschachtel
- ☐ eine Windrosenvorlage
- ☐ eine Kompassnadel
- ☐ eine Kompassnadelspitze
- ☐ Klebeband
- ☐ Buntstifte
- ☐ Kopiervorlage in gewünschter Anzahl

I. Dröse/L. Weiß: Versuche im Sachunterricht der Grundschule

Der Liebestest

Du brauchst:

❏ zwei Stab-
  magnete

❏ ein Reagenz-
  glas

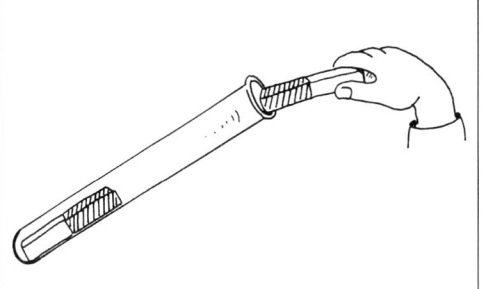

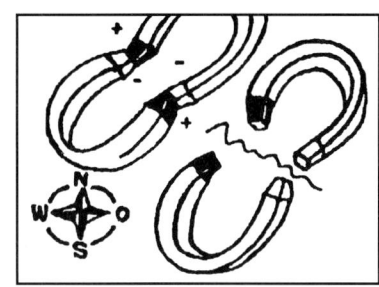

So wird der Versuch durchgeführt:

1. Lasse den Stabmagneten vorsichtig in das Reagenzglas gleiten!

2. Gib den zweiten Stabmagneten dazu!

3. Drehe einen Stabmagneten um und wiederhole den Versuch!

Was kannst du beobachten?

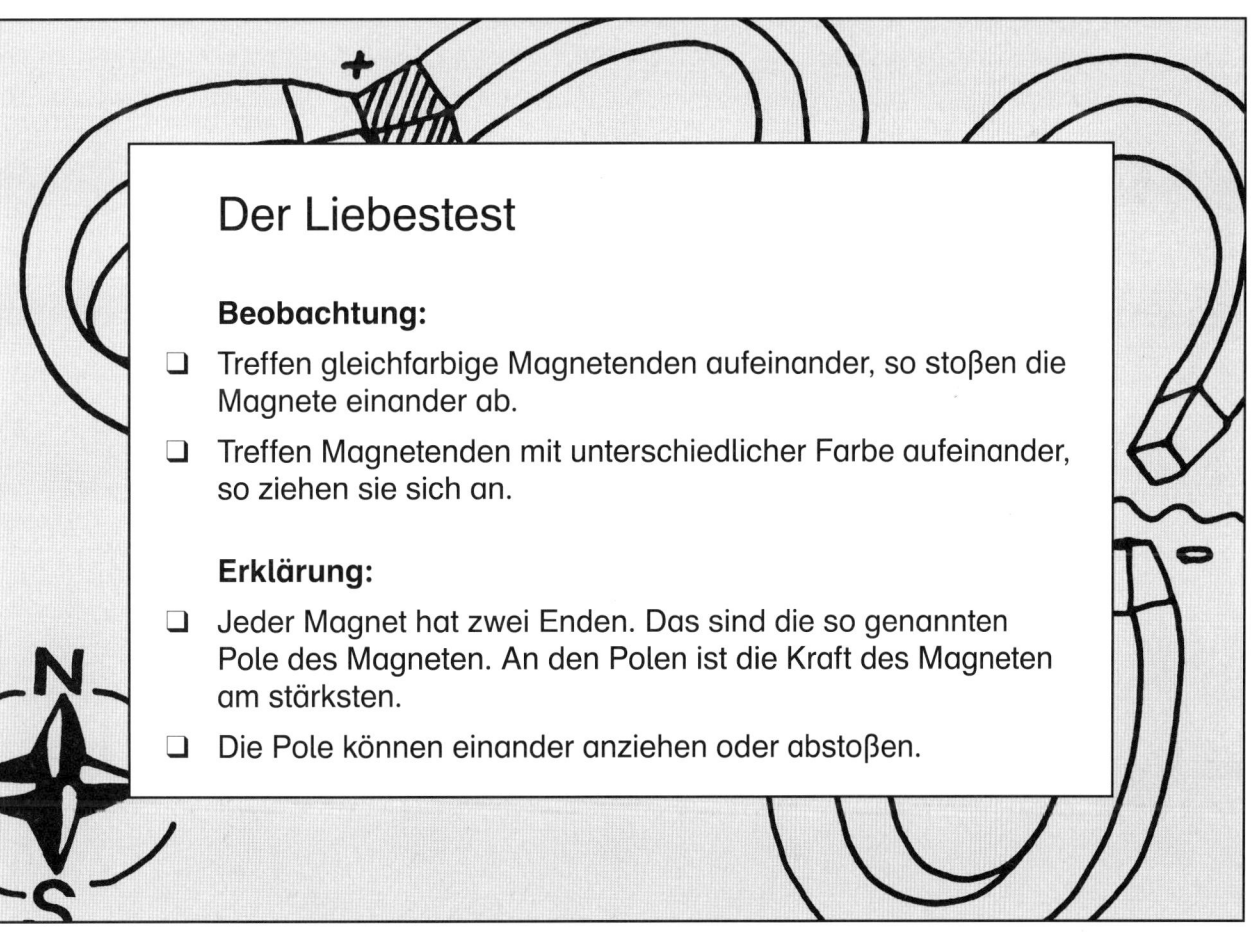

Der Liebestest

Beobachtung:

❏ Treffen gleichfarbige Magnetenden aufeinander, so stoßen die Magnete einander ab.

❏ Treffen Magnetenden mit unterschiedlicher Farbe aufeinander, so ziehen sie sich an.

Erklärung:

❏ Jeder Magnet hat zwei Enden. Das sind die so genannten Pole des Magneten. An den Polen ist die Kraft des Magneten am stärksten.

❏ Die Pole können einander anziehen oder abstoßen.

Das sichtbare Magnetfeld

Du brauchst:

- ❏ zwei Stab-
  magnete
- ❏ Eisenspäne
- ❏ eine (Plexi-)
  Glasscheibe
- ❏ Papier
- ❏ vier Kreiden

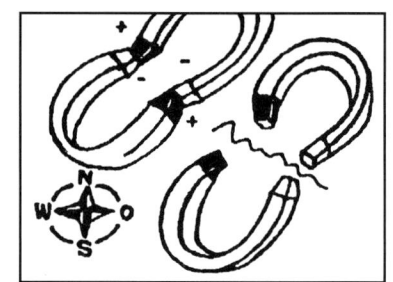

So wird der Versuch durchgeführt:

1. Lege die Kreidestückchen und einen der beiden Stabmagneten so auf das Papier, wie auf der Zeichnung oben abgebildet!
2. Lege die (Plexi-)Glasscheibe darauf!
3. Streue die Eisenspäne darauf und klopfe leicht an die Glasscheibe!
4. Ordne die Stabmagnete wie auf der zweiten Zeichnung an und wiederhole den Versuch!

Erkläre deine Beobachtung!

Das sichtbare Magnetfeld

Beobachtung:

- ❏ Die Eisenspäne ordnen sich in Linien an.

Erklärung:

- ❏ Die Kräfte der beiden Magnete sind unsichtbar. Sie wirken nur in einem bestimmten Bereich um den Magneten herum. Diesen Bereich nennt man Magnetfeld.
- ❏ Das Magnetfeld wird durch die Eisenspäne sichtbar. Die Linien, die sich ergeben, nennt man (Magnet-)Feldlinien.

  ➡ Wo befinden sich die dicksten Linien? Erkläre!

I. Dröse / L. Weiß: Versuche im Sachunterricht der Grundschule

Das Magnetboot

Du brauchst:

- ❏ eine flache Plastik-wanne mit Wasser
- ❏ ein Papierschiff
- ❏ kleine Eisennägel, Büroklammern
- ❏ einen starken Stab-magnet

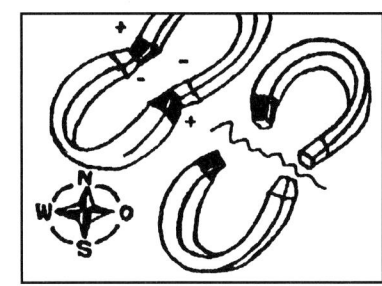

So wird der Versuch durchgeführt:

1. Lasse das Schiffchen in der Wanne schwimmen!

2. Lege ein paar Eisennägel und/oder Büroklammern in das Boot!

3. Versuche mit Hilfe des Stabmagneten, das Schiffchen von dem einen Ende der Wanne zum anderen Ende zu bringen, ohne dass das Boot am Wannenrand „klebt"!

Erkläre, was passiert!

Das Magnetboot

Beobachtung und Erklärung:

- ❏ Der Stabmagnet zieht die magnetischen Teile im Boot an und treibt somit das Papierschiffchen an.

Formel 1

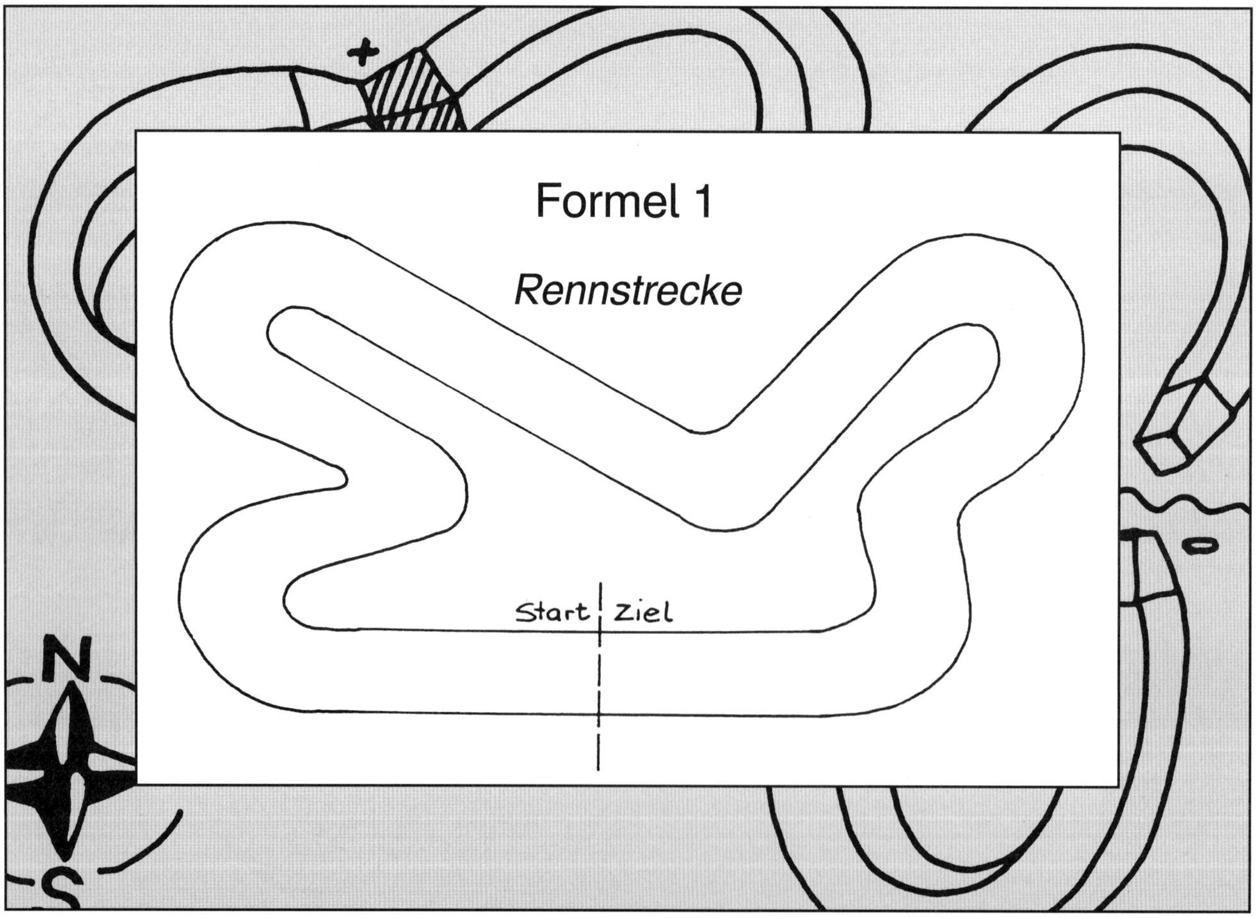

I. Dröse/L. Weiß: Versuche im Sachunterricht der Grundschule

Du brauchst:

- ❏ zwei Stab-
  magnete
- ❏ einen Stift
- ❏ Papier (Mindest-
  größe: DIN A4)

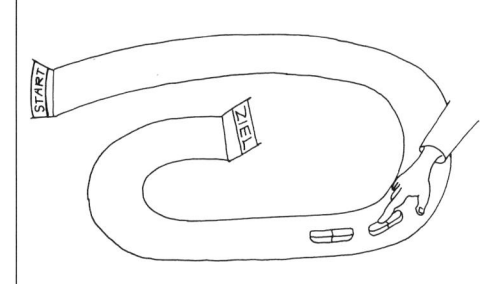

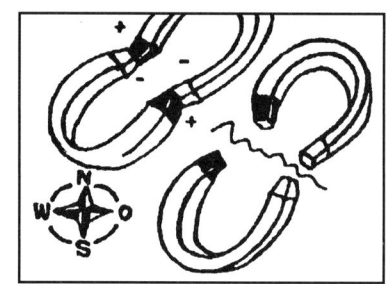

So wird der Versuch durchgeführt:

1. Zeichne die Rennstrecke von der Rückseite der Karte ab oder denke dir eine eigene Rennstrecke aus!
2. Lege den einen Stabmagneten an den Start!
3. Schiebe den zweiten Stabmagneten so auf den ersten Magneten zu, dass sich der erste Magnet fortbewegt!

Wer schafft es, die Strecke in der schnellsten Zeit möglichst genau einzuhalten?

Formel 1

Rennstrecke

Start ¦ Ziel

Der Wasserkompass

Du brauchst:

- ❏ ein Styropor-stück
- ❏ einen Stab-magnet
- ❏ eine größere Schüssel mit Wasser

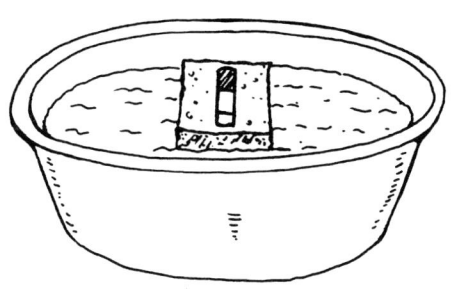

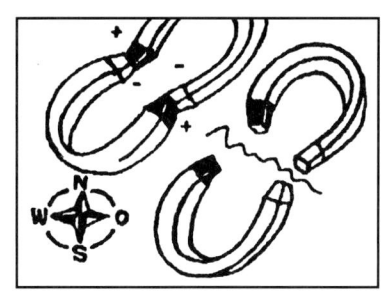

So wird der Versuch durchgeführt:

1. Lasse das Styroporstück im Wasser schwimmen!

2. Lege den Magneten auf das Styroporstück und warte!

Vergleiche die Ausrichtung des Magneten mit einem Kompass!

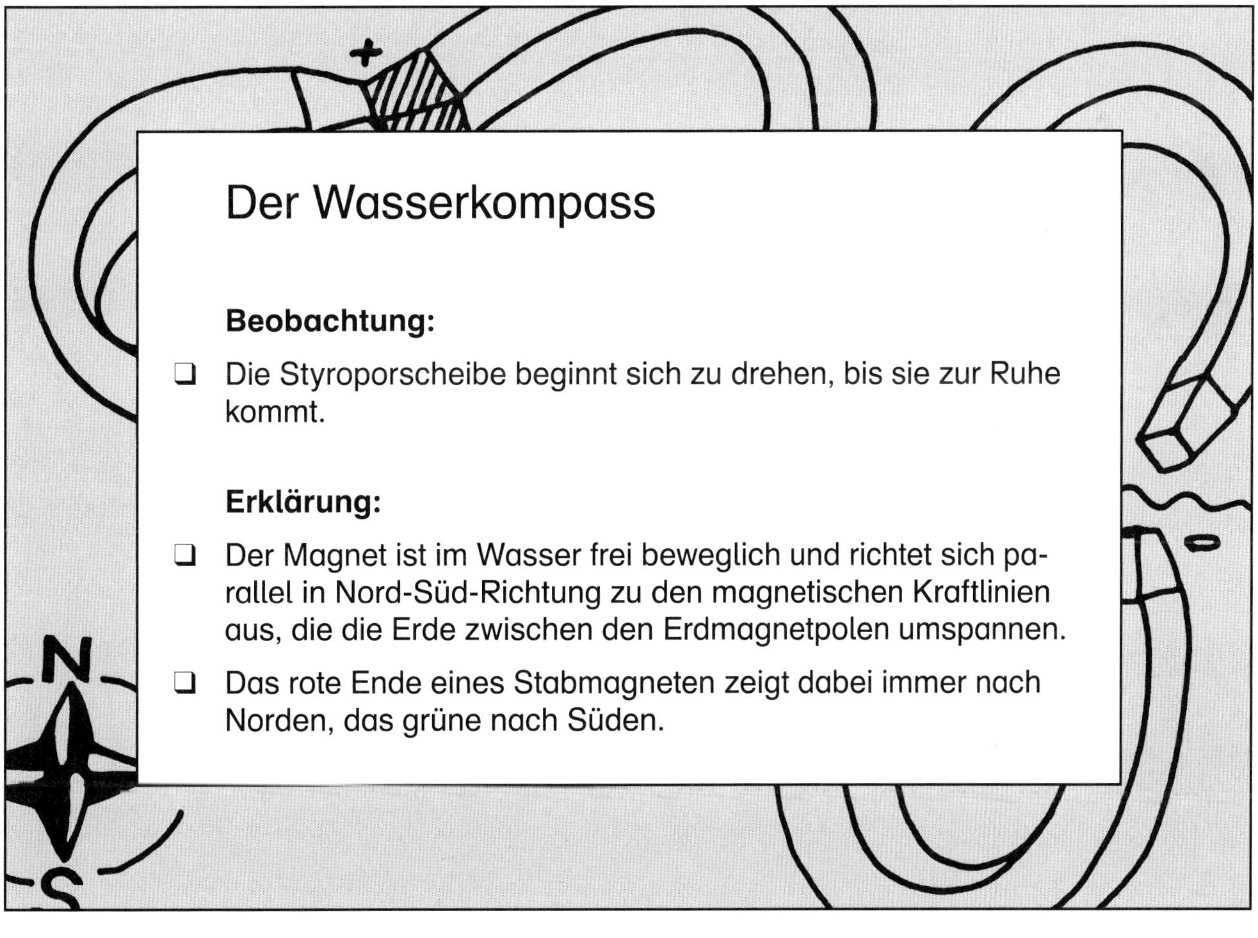

Der Wasserkompass

Beobachtung:

- ❏ Die Styroporscheibe beginnt sich zu drehen, bis sie zur Ruhe kommt.

Erklärung:

- ❏ Der Magnet ist im Wasser frei beweglich und richtet sich parallel in Nord-Süd-Richtung zu den magnetischen Kraftlinien aus, die die Erde zwischen den Erdmagnetpolen umspannen.

- ❏ Das rote Ende eines Stabmagneten zeigt dabei immer nach Norden, das grüne nach Süden.

Magnete – selbst gemacht

Du brauchst:

- ❏ einen Eisen-
  nagel
- ❏ einen Stab-
  magnet
- ❏ Büroklammern

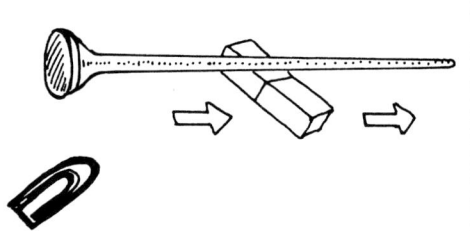 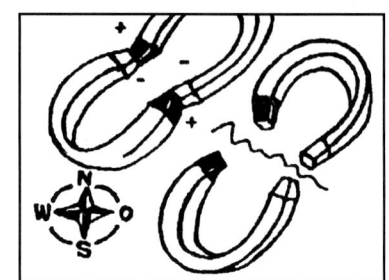

So wird der Versuch durchgeführt:

1. Lege die Büroklammern auf den Tisch! Halte dann den Eisennagel direkt über die Büroklammern! Was passiert?
2. Streiche jetzt mit dem Stabmagneten am Eisennagel entlang! Wichtig: Du muss immer in
   die gleiche Richtung streichen!
3. Halte den Eisennagel nun wieder direkt über die Büroklammern!

   Vermute, was passieren wird!

4. Lasse den Eisennagel ein paar Mal auf eine harte Oberfläche fallen! Was passiert nun?

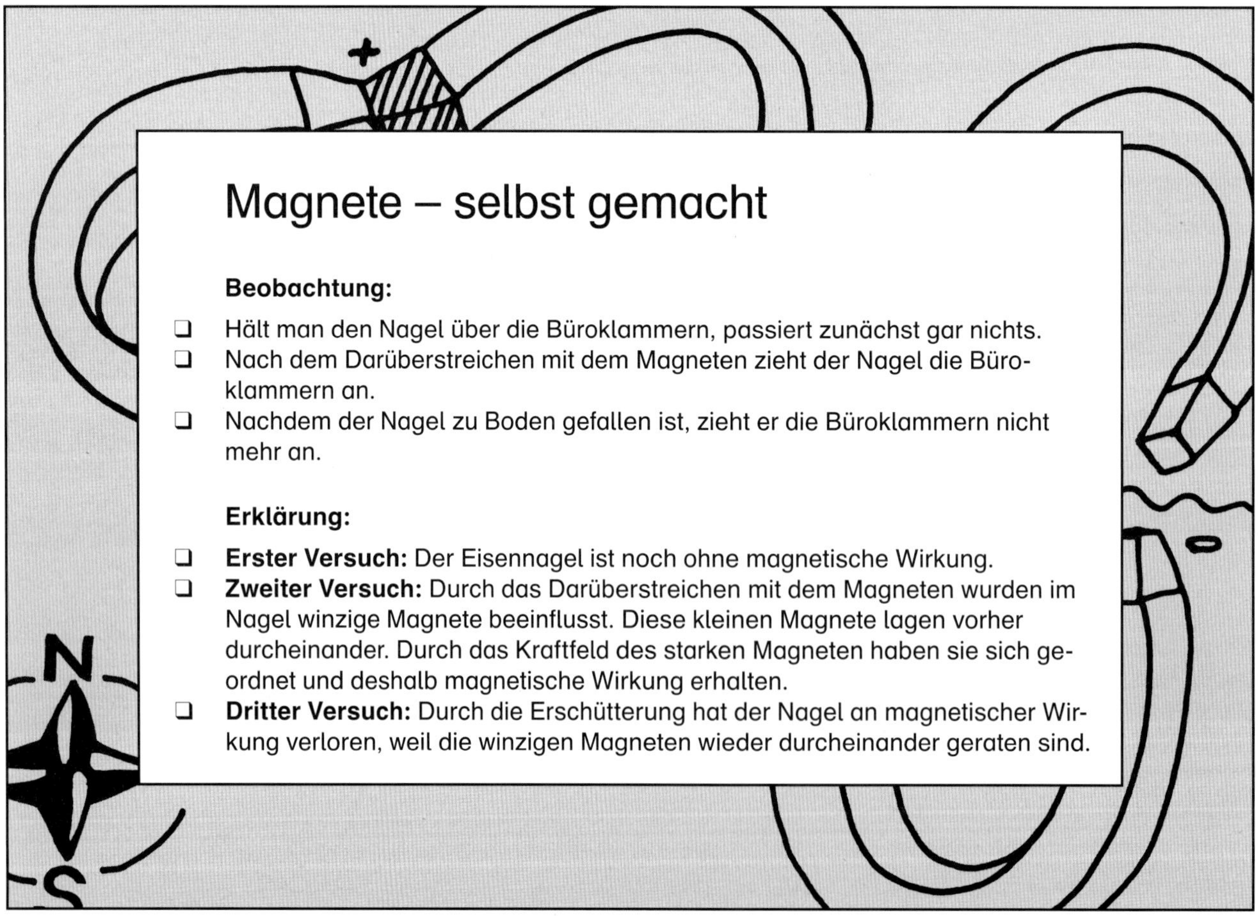

Magnete – selbst gemacht

Beobachtung:

- ❏ Hält man den Nagel über die Büroklammern, passiert zunächst gar nichts.
- ❏ Nach dem Darüberstreichen mit dem Magneten zieht der Nagel die Büroklammern an.
- ❏ Nachdem der Nagel zu Boden gefallen ist, zieht er die Büroklammern nicht
  mehr an.

Erklärung:

- ❏ **Erster Versuch:** Der Eisennagel ist noch ohne magnetische Wirkung.
- ❏ **Zweiter Versuch:** Durch das Darüberstreichen mit dem Magneten wurden im
  Nagel winzige Magnete beeinflusst. Diese kleinen Magnete lagen vorher
  durcheinander. Durch das Kraftfeld des starken Magneten haben sie sich ge-
  ordnet und deshalb magnetische Wirkung erhalten.
- ❏ **Dritter Versuch:** Durch die Erschütterung hat der Nagel an magnetischer Wirkung verloren, weil die winzigen Magneten wieder durcheinander geraten sind.

I. Dröse/L. Weiß: Versuche im Sachunterricht der Grundschule

Der Streichholzschachtelkompass

Du brauchst:

- ❏ eine leere Streich-
  holzschachtel
- ❏ eine Windrosen-
  vorlage
- ❏ eine Kompassnadel
- ❏ eine Kompass-
  nadelspitze
- ❏ Klebeband
- ❏ Buntstifte

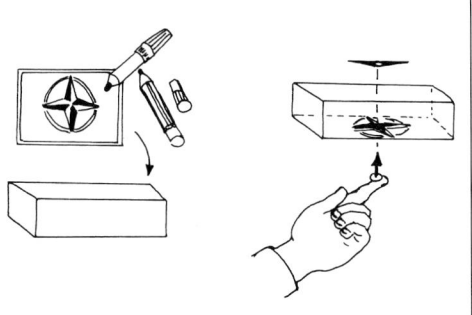 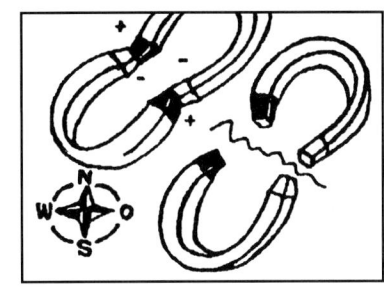

So wird der Versuch durchgeführt:

1. Gestalte die Windrose farbig!
2. Schneide die viereckige Vorlage an den Rändern so aus, dass die schwarzen Linien noch zu sehen sind!
3. Drücke nun das Papier in die Streichholzschachtel! Da das Papier etwas größer als die Schachtel ist, hält es, wenn es festgedrückt wird, auch ohne Kleber.
4. Drücke die Kompassnadelspitze von unten durch die Mitte der Windrose!
5. Lege nun die Kompassnadel auf die Spitze und richte die Kompassnadel aus! Die farbige Spitze zeigt nach Norden.

Der Streichholzschachtelkompass

- ❏ Solltest du einmal keine Windrose zur Verfügung haben, nimm einfach ein Stück quadratisches Papier und falte es vier Mal, wie unten auf der Zeichnung.

- ❏ Nun brauchst du nur noch die Windrose beschriften.

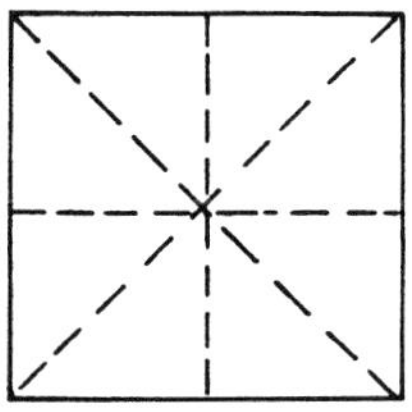

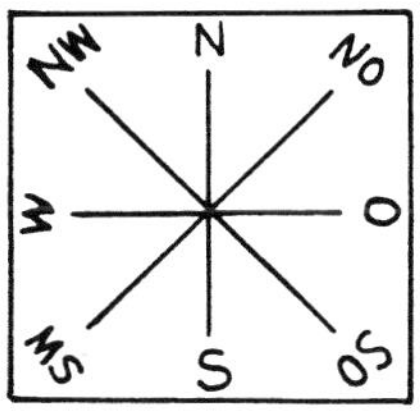

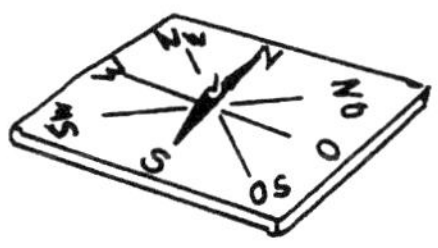

Kleine „Eselsbrücke" für die Himmelsrichtungen:
Im Uhrzeigersinn: **N**IE **O**HNE **S**EIFE **W**ASCHEN!

I. Drose / L. Weiß, versuche im Sachunterricht der Grundschule
© Auer Verlag

Kopiervorlage: Der Streichholzschachtelkompass

  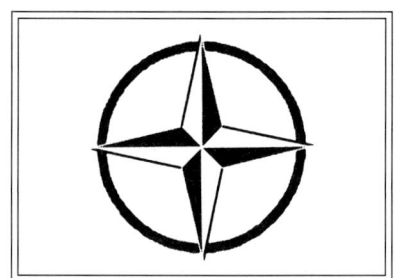

 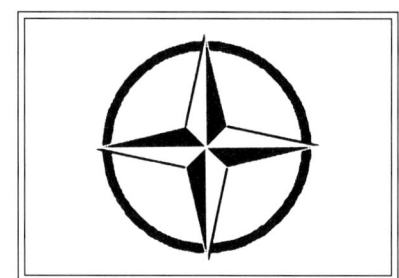 

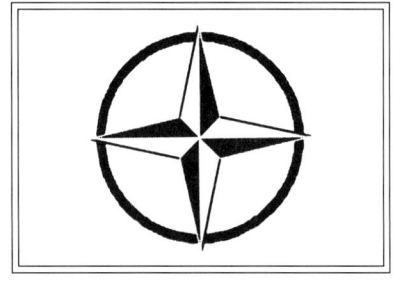  

  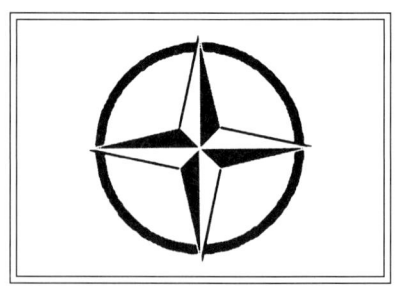

I. Dröse / L. Weiß: Versuche im Sachunterricht der Grundschule

Elektrizität

Hinweise

➡ Bitte achten Sie beim Einpacken der Batterien darauf, dass sich die Polbleche nicht berühren. Die Batterien entladen sich sonst selbst.

➡ Statt des Kupferdrahtes können Sie auch Klingeldraht verwenden. Vergewissern Sie sich, dass die Kontaktstellen abisoliert sind!

➡ Es empfiehlt sich, die Klemmverbindungen und die Glühlampe festzuschrauben (Betriebssicherheit!).

➡ Bitte testen Sie vor Versuchsbeginn, ob Batterien und Glühlämpchen funktionsfähig sind.

➡ Die Kinder sollten eindringlich vor Berührungen mit Netzstromleitern gewarnt werden.

➡ Machen Sie die Kinder darauf aufmerksam, dass die Versuche auf keinen Fall zu Hause mit Strom aus der Steckdose nachgeahmt werden dürfen.

➡ **Feueralarm:** Krokodilklemmen erleichtern das Schließen des Stromkreises.

Die Zitronenbatterie

Benötigtes Material:
- ☐ Kupferdraht
- ☐ ein abisoliertes Kupferplättchen
- ☐ eine Schraube aus Zink
- ☐ ein Lautsprecher
- ☐ eine Zitrone

Ruhige Hand

Benötigtes Material:
- ☐ ein Holzbrett
- ☐ eine Batterie
- ☐ dünnerer und starker Kupferdraht
- ☐ zwei Nägel
- ☐ ein Hammer
- ☐ eine Zange
- ☐ Isolierband
- ☐ ein Glühlämpchen mit Fassung
- ☐ drei Streichhölzer

Kaputte Batterie?

Benötigtes Material:
- ☐ zwei Batterien
- ☐ Kupferdraht
- ☐ sechs Glühlämpchen mit Fassungen
- ☐ zwei Schalter

Feueralarm

Benötigtes Material:
- ☐ ein Holzbrettchen
- ☐ ein Eisennagel
- ☐ ein Hammer
- ☐ ein Stativ mit Klemme
- ☐ ein Reagenzglashalter
- ☐ ein Bimetallstreifen
- ☐ ein Glühlämpchen mit Fassung
- ☐ eine Batterie
- ☐ ein Teelicht
- ☐ Streichhölzer

Der Wasserbogen

Benötigtes Material:
- ☐ ein Plastiklöffel
- ☐ ein Wolltuch
- ☐ ein Waschbecken mit Wasserhahn

Deckenballons

Benötigtes Material:
- ☐ Luftballons
- ☐ ein Wolltuch
- ☐ (eine Leiter)

Der fliegende Reis

Benötigtes Material:
- ☐ ein Plastiklöffel
- ☐ ein Schüsselchen
- ☐ Puffreiskörner
- ☐ ein Wolltuch

Ein Blitz

Benötigtes Material:
- ☐ ein trockenes Glas
- ☐ ein Tortenheber aus Metall
- ☐ ein Stück Styropor
- ☐ ein Wolltuch

Die Zitronenbatterie

Du brauchst:

- ❏ Kupferdraht
- ❏ ein abisoliertes Kupferplättchen
- ❏ eine Schraube aus Zink
- ❏ einen Lautsprecher
- ❏ eine Zitrone

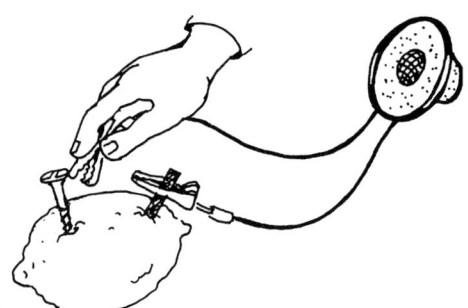 

So wird der Versuch durchgeführt:

1. Stecke die Zinkschraube in die Zitrone!
2. Stecke das Kupferplättchen etwa zwei Finger breit von der Zinkschraube entfernt in die Zitrone!
3. Schließe den Lautsprecher an den Kontaktstellen der Drähte an!
4. Verbinde den Draht mit der Zinkschraube und dem Kupferplättchen!

Vermute, was passieren wird!

Die Zitronenbatterie

Beobachtung:

- ❏ Man hört im Lautsprecher ein Rauschen und Knacken.

Erklärung:

- ❏ Ähnlich wie bei einer Taschenlampe erzeugen die Zitrone und die Metalle schwachen Strom.
- ❏ Ein chemischer Vorgang ermöglicht es, dass der Saft der Zitrone mit den Metallen reagiert und dabei elektrische Energie freisetzt.

I. Dröse/L. Weiß: Versuche im Sachunterricht der Grundschule
© Auer Verlag

Ruhige Hand

Du brauchst:
- ❑ ein Holzbrett
- ❑ eine Batterie
- ❑ dünneren und starken Kupferdraht
- ❑ zwei Nägel
- ❑ einen Hammer
- ❑ eine Zange
- ❑ Isolierband
- ❑ ein Glühlämpchen mit Fassung
- ❑ drei Streichhölzer

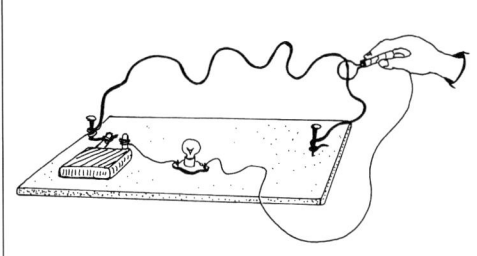

So wird der Versuch durchgeführt:

1. Schlage die beiden Nägel mit dem Hammer so tief in das Holzbrett, dass sie noch etwa einen Zentimeter überstehen!
2. Wickle den starken Kupferdraht mit Hilfe der Zange um die beiden Nagelstücke!
3. Biege nun mit der Zange mehrere Ecken und Kurven in den starken Kupferdraht!
4. Baue den Stromkreis wie oben abgebildet auf!
5. Baue dir einen Griff, indem du die Streichhölzer an der Drahtschlinge des dünnen Drahtes mit Isolierband umwickelst!
6. Führe die Drahtschlinge von einem Nagel zum anderen, ohne den starken Draht zu berühren!

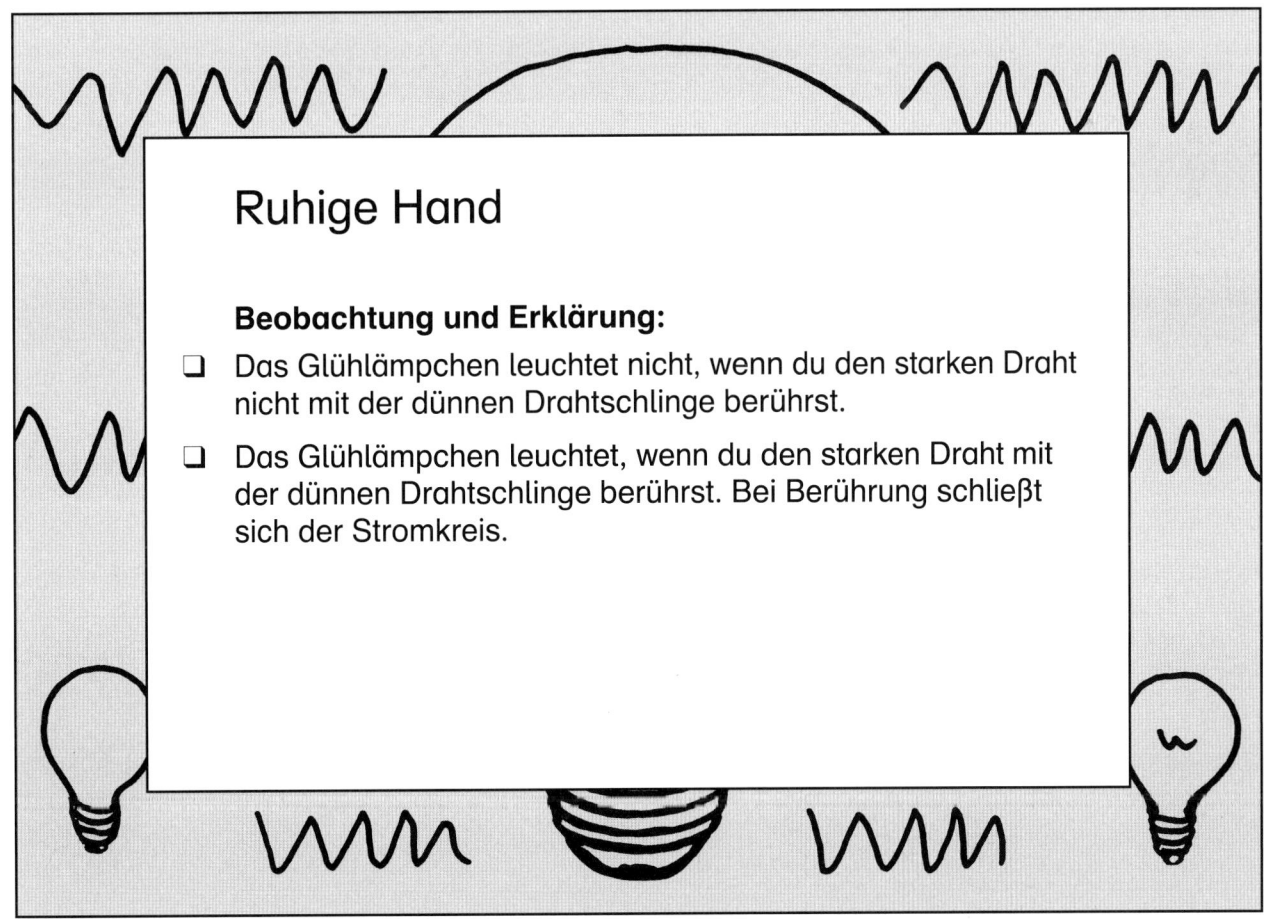

Ruhige Hand

Beobachtung und Erklärung:

- ❑ Das Glühlämpchen leuchtet nicht, wenn du den starken Draht nicht mit der dünnen Drahtschlinge berührst.

- ❑ Das Glühlämpchen leuchtet, wenn du den starken Draht mit der dünnen Drahtschlinge berührst. Bei Berührung schließt sich der Stromkreis.

Kaputte Batterie?

Du brauchst:

❏ zwei Batterien
❏ Kupferdraht
❏ sechs Glühlämpchen mit Fassungen
❏ zwei Schalter

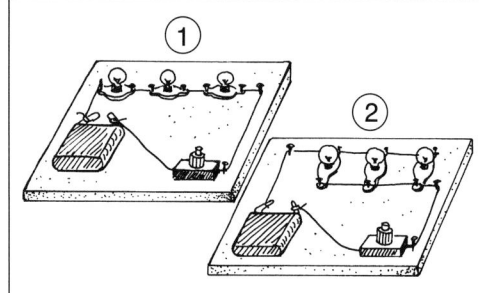

So wird der Versuch durchgeführt:

1. Baue die beiden Schaltungen wie oben abgebildet auf!

2. Schließe nun die Stromkreise!

Vermute, was passieren wird!

3. Entferne ein Lämpchen aus den Schaltungen! Was passiert nun?

Kaputte Batterie?

Erklärung:

Schaltung 1:
❏ Die Lämpchen sind hintereinander geschaltet. Man nennt diese Schaltung Reihen- oder Serienschaltung.
❏ Die Lämpchen leuchten bei dieser Schaltung weniger hell, weil sich die gesamte Strommenge auf die verschiedenen Lämpchen aufteilen muss.
❏ Schraubst du ein Lämpchen aus der Schaltung, ist der Stromkreis unterbrochen. Der Kontaktknopf des Lämpchens hat dann keine Verbindung mehr und kann den Strom nicht mehr weiterleiten. Deswegen leuchtet auch keines der anderen Lämpchen mehr.

Schaltung 2:
❏ Diese Schaltung nennt man Parallelschaltung.
❏ Die Lämpchen leuchten hell, denn jedes Lämpchen bekommt so viel Strom, als wäre nur ein Lämpchen angeschlossen.
❏ Entfernst du bei dieser Schaltung ein Lämpchen, leuchten die anderen Lämpchen weiter.
➡ Zeige bei der Parallelschaltung, wo der Strom fließen kann, damit die anderen Lämpchen noch leuchten!

I. Dröse/L. Weiß: Versuche im Sachunterricht der Grundschule
© Auer Verlag

Feueralarm

Du brauchst:
- ❏ ein Holzbrettchen
- ❏ einen Eisennagel
- ❏ einen Hammer
- ❏ ein Stativ mit Klemme
- ❏ einen Reagenzglashalter
- ❏ einen Bimetallstreifen
- ❏ ein Glühlämpchen mit Fassung
- ❏ eine Batterie
- ❏ ein Teelicht
- ❏ Streichhölzer

So wird der Versuch durchgeführt:

1. Schlage den Nagel mit dem Hammer in das Brettchen!

2. Baue den Versuch wie oben abgebildet auf!
   Stelle das Brettchen mit dem Nagel und dem Teelicht so auf, dass der Bimetallstreifen etwa einen Zentimeter vom Nagel entfernt ist und das Teelicht unter dem Bimetallstreifen steht!

3. Zünde nun den Bimetallstreifen an!

Beobachte, was passiert, wenn du das Teelicht ausbläst!

Feueralarm

Beobachtung und Erklärung:

- ❏ Unter der Hitze des Teelichtes verformt sich der Bimetallstreifen so, dass er den Nagel berührt.

- ❏ Dadurch schließt sich der Stromkreis. Das Glühlämpchen leuchtet. „Feueralarm" wird angezeigt.

- ❏ Bläst du das Teelicht aus, erkaltet der Bimetallstreifen wieder und biegt sich zurück. Das Glühlämpchen leuchtet nicht mehr.

Der Wasserbogen

Du brauchst:

- ❏ einen Plastik-
  löffel
- ❏ ein Wolltuch
- ❏ ein Wasch-
  becken

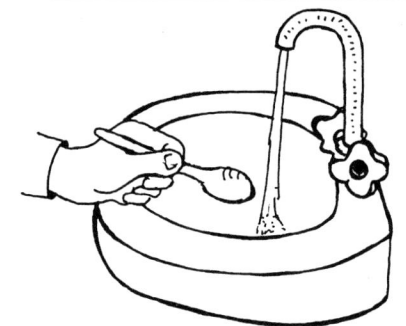

So wird der Versuch durchgeführt:

1. Reibe den Plastiklöffel am Wolltuch!

2. Drehe den Wasserhahn so auf, dass ein leichter Strahl aus ihm fließt!

3. Halte den Löffel direkt an den Wasserstrahl!

Was beobachtest du? Erkläre deine Beobachtung!

Der Wasserbogen

Beobachtung:

- ❏ Der Verlauf des Wasserstrahles ändert sich.

Erklärung:

- ❏ Das Wolltuch lädt den Löffel elektrisch auf.

- ❏ Der Löffel zieht nun die ungeladenen Teilchen im Wasser an.
  Der Wasserstrahlverlauf ändert sich.

I. Dröse/L. Weiß: Versuche im Sachunterricht der Grundschule

Deckenballons

Du brauchst:

❏ Luftballons
❏ ein Wolltuch
❏ (eine Leiter)

So wird der Versuch durchgeführt:

1. Blase die Luftballons auf und verknote die Enden!

2. Reibe die Ballons eine Weile am Wolltuch!

3. Halte die Ballons nun an die Zimmerdecke!

Was stellst du fest?

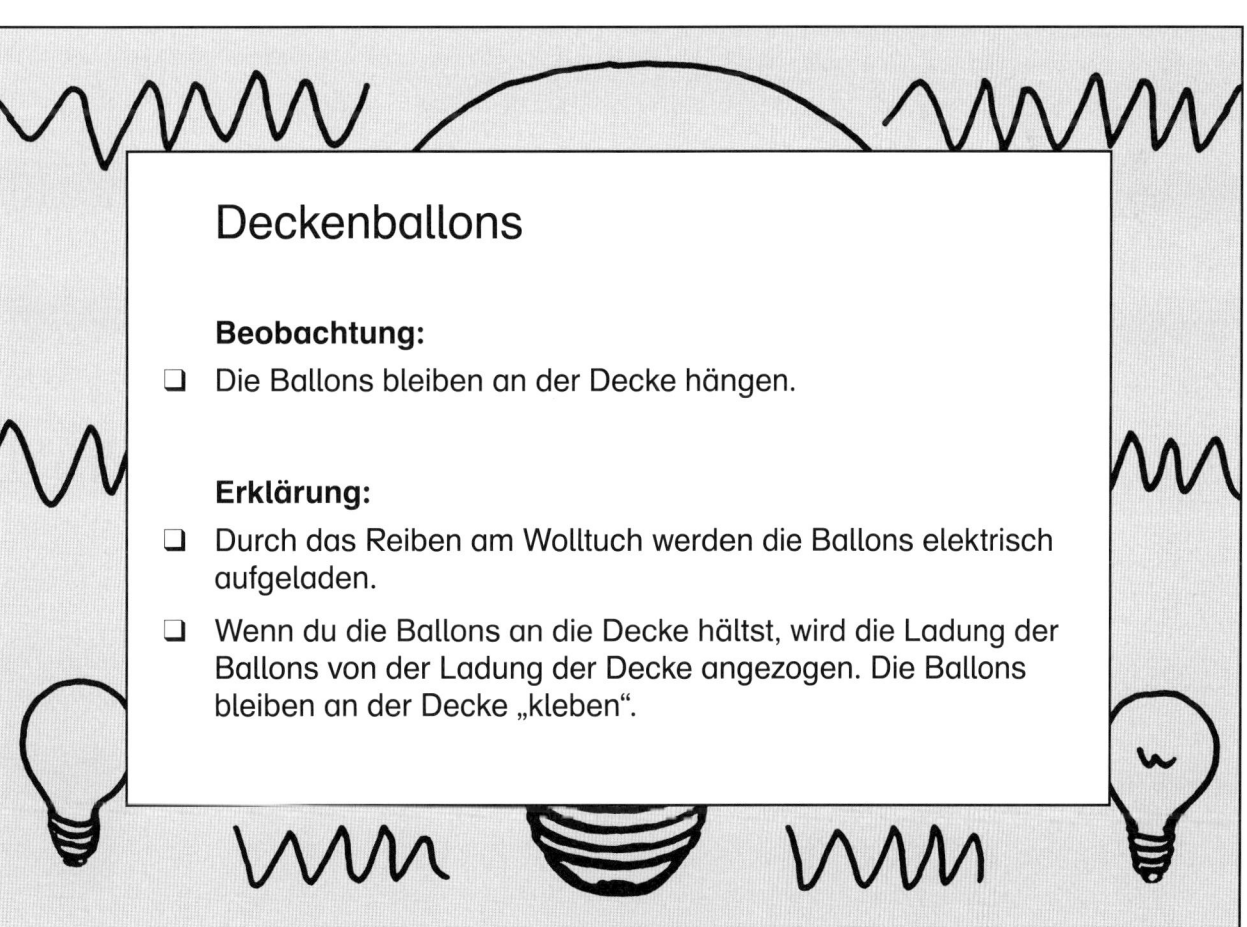

Deckenballons

Beobachtung:

❏ Die Ballons bleiben an der Decke hängen.

Erklärung:

❏ Durch das Reiben am Wolltuch werden die Ballons elektrisch aufgeladen.

❏ Wenn du die Ballons an die Decke hältst, wird die Ladung der Ballons von der Ladung der Decke angezogen. Die Ballons bleiben an der Decke „kleben".

Der fliegende Reis

Du brauchst:

- ❑ einen Plastiklöffel
- ❑ ein Schüsselchen
- ❑ Puffreiskörner
- ❑ ein Wolltuch

So wird der Versuch durchgeführt:

1. Gib die Puffreiskörner in das Schüsselchen!

2. Reibe den Plastiklöffel am Wolltuch!

3. Halte nun den Plastiklöffel über das Schüsselchen mit Puffreis!

Vermute, was passieren wird!

Der fliegende Reis

Beobachtung:

- ❑ Die Körner springen hoch und bleiben am Löffel hängen. Doch dann schießen die Körner am Löffel auf einmal nach allen Seiten weg.

Erklärung:

- ❑ Das Wolltuch lädt den Plastiklöffel elektrisch auf. Die Puffreiskörner werden angezogen und bleiben am Löffel haften.

- ❑ Ein Teil der Elektronen wandert jedoch vom Löffel in den Puffreis, bis alle Körner die gleiche Ladung haben. Gleiche elektrische Ladungen stoßen sich aber ab. Deswegen fliegen die Körner wieder vom Löffel.

I. Dröse / L. Weiß: Versuche im Sachunterricht der Grundschule

Ein Blitz

Du brauchst:

- ☐ ein trockenes Glas
- ☐ einen Tortenheber aus Metall
- ☐ ein Stück Styropor
- ☐ ein Wolltuch

So wird der Versuch durchgeführt:

1. Lege den Tortenheber auf das trockene Glas!

2. Reibe das Styropor am Wolltuch und lege es auf den Tortenheber!

3. Berühre den Tortengriff mit einem Finger!

Vermute, was passieren wird!

Ein Blitz

Beobachtung und Erklärung:

- ☐ Das Wolltuch lädt das Styropor auf.

- ☐ Weil sich gleiche Ladungen abstoßen, sammelt sich die Ladung im Griff des Tortenhebers.

- ☐ Wenn du dich jetzt mit deinem Finger dem Griff näherst, erfolgt ein Spannungsausgleich mit einigen Tausend Volt.
  Da hier nur eine kleine Menge Strom fließt, ist der Versuch für dich ungefährlich.

Verbrennung

Hinweise

Bei den folgenden Versuchen sind einige wichtige Sicherheitsbestimmungen zu beachten.

➥ Streichhölzer und Feuerzeuge dürfen nicht achtlos liegen gelassen werden.

➥ Es darf kein Kind mit einer brennenden Kerze oder offenem Feuer allein gelassen werden.

➥ Die Kinder sollten lernen, wie man ein Streichholz entzündet, ohne das Streichholz abzubrechen oder brennend zu Boden fallen zu lassen bzw. die eigene Hand oder Kleidung zu versengen.

➥ Lange Haar müssen zusammengebunden werden; die Kleidung sollte eng anliegen.

➥ Unbedingt eine feuerfeste Unterlage verwenden!

➥ Eine Löschdecke und ein Eimer Wasser sollten immer in Reichweite sein.

➥ **Die Schwimmkerze:** Statt der Schwimmkerze kann auch ein Teelicht eingesetzt werden.

➥ **Cool bleiben – das feuersichere Papierschiff:** Die Bastelanleitung für das Papierschiff finden Sie auf der Seite 71.

➥ **Die Zuckerflamme:** Als Asche eignen sich z. B. verbranntes Holz (Ofen, Kamin) oder Zigarettenasche.

Der Flammensprung

Benötigtes Material:
☐ ein Teelicht
☐ Alufolie
☐ Streichhölzer
☐ eine feuerfeste Unterlage

Die Schwimmkerze

Benötigtes Material:
☐ eine kleine Glasschüssel mit Wasser
☐ eine Schwimmkerze
☐ ein Trinkglas
☐ Streichhölzer
☐ eine feuerfeste Unterlage

Der Glaskleber

Benötigtes Material:
☐ ein Teelicht
☐ Streichhölzer
☐ zwei gleiche Gläser
☐ ein mit Wasser angefeuchtetes Löschblatt

Cool bleiben – das feuersichere Papierschiff

Benötigtes Material:
☐ ein gefaltetes Papierschiff
☐ zwei Pinzetten
☐ ein Teelicht
☐ Streichhölzer
☐ eine feuerfeste Unterlage

Die Zuckerflamme

Benötigtes Material:
☐ drei Blechdeckel von Joghurtgläsern
☐ zwei Zuckerwürfel
☐ etwas Asche
☐ Streichhölzer
☐ eine feuerfeste Unterlage

Der Überraschungsteebeutel

Benötigtes Material:
☐ ein Kammerteebeutel
☐ eine Schere
☐ Streichhölzer
☐ eine feuerfeste Unterlage

I. Dröse/L. Weiß: Versuche im Sachunterricht der Grundschule

Der Flammensprung

Du brauchst:

- ❏ ein Teelicht
- ❏ Alufolie
- ❏ Streichhölzer
- ❏ eine feuerfeste Unterlage

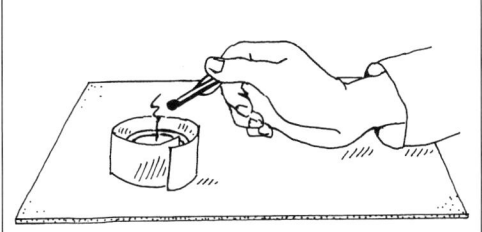

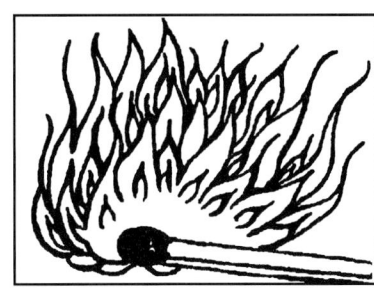

So wird der Versuch durchgeführt:

1. Wickle einen Streifen Alufolie um das Teelicht! Er sollte etwa 1,5 cm überstehen.

2. Zünde das Teelicht an und lasse es etwa zwei Minuten lang brennen!

3. Blase die Flamme aus! Halte gleich danach ein brennendes Streichholz über den Docht!

Vermute, was passieren wird!

Der Flammensprung

Beobachtung:

- ❏ Der Docht entzündet sich, obwohl das brennende Streichholz den Docht nicht berührt.

Erklärung:

- ❏ Das Wachs wird flüssig, wenn die Kerze brennt. Es steigt am Docht hoch und verdampft in der Luft.
- ❏ Die Alufolie verhindert, dass sich der Wachsdampf in der Umgebung verteilt. Sie hält den Wachsdampf zusammen, ganz ähnlich wie in einem Dampfkochtopf.
- ❏ Wenn nach dem Ausblasen der Flamme eine neue Feuerquelle in die Nähe des Dochtes kommt, wird der Wachsdampf für sehr kurze Zeit zu einem brennbaren Stoff. Er wirkt dann wie eine unsichtbare Zündschnur. Die Flamme springt über. Die Kerze brennt wieder.

I. Drost / L. Weiß: Versuche im Sachunterricht der Grundschule
© Auer Verlag

Die Schwimmkerze

Du brauchst:

- ❏ eine kleine Glas-
  schüssel mit Wasser
- ❏ eine Schwimmkerze
- ❏ ein Trinkglas
- ❏ Streichhölzer
- ❏ eine feuerfeste
  Unterlage

So wird der Versuch durchgeführt:

1. Fülle die Glasschüssel mit Wasser!

2. Gib die Schwimmkerze so ins Wasser, dass sie schwimmt!

3. Zünde die Schwimmkerze an!

4. Stülpe das Glas vorsichtig über die Flamme!

Vermute, was passieren wird!

Die Schwimmkerze

Beobachtung:

- ❏ Das Glas presst die brennende Kerze auf den Boden. Es ist kein Wasser im Glas. Die brennende Kerze verlischt. Es kommt Wasser ins Glas. Die Kerze schwimmt wieder.

Erklärung:

- ❏ In dem Moment, in dem das Glas auf die Wasseroberfläche gedrückt wird, befindet sich noch Luft im Glas.
- ❏ Der Luftdruck presst das Wasser aus dem Glas. Die Schwimmkerze sinkt daraufhin auf den Grund.
- ❏ Die Kerzenflamme verbrennt inzwischen den Sauerstoff, der im Glas ist.
- ❏ Wenn der Sauerstoff im Luftgemisch verbrennt, wird wieder „Platz im Glas" und das Wasser dringt in das Glas ein. Die Kerze schwimmt wieder, jetzt allerdings etwas höher als der sie umgebende Wasserspiegel.
  ➡ Warum?

I. Dröse/L. Weiß: Versuche im Sachunterricht der Grundschule

Der Glaskleber

Du brauchst:

- ❏ ein Teelicht
- ❏ Streichhölzer
- ❏ zwei gleiche Gläser
- ❏ ein mit Wasser angefeuchtetes Löschblatt

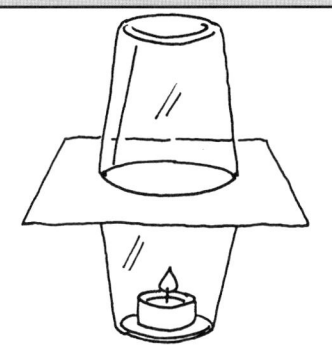 

So wird der Versuch durchgeführt:

1. Stelle das Teelicht in eines der Gläser und zünde es an!
2. Lege das angefeuchtete Löschblatt auf das Glas!
3. Stelle das zweite Glas so auf das erste, dass die Glasränder aufeinander liegen!
4. Warte, bis die Flamme verloschen ist! Nimm nun das obere Glas vorsichtig in die Hand und hebe es hoch!

Was kannst du beobachten?

Der Glaskleber

Beobachtung:

- ❏ Die beiden Gläser „kleben" aneinander.

Erklärung:

- ❏ Das Feuer verbraucht den Sauerstoff, der sich in den beiden Gläsern befindet. Dadurch entsteht in den Gläsern ein Unterdruck.
- ❏ Die umgebende Luft drückt auf die beiden Gläser und hält sie zusammen.

Cool bleiben – das feuersichere Papierschiff

Du brauchst:

- ❏ ein gefaltetes Papierschiff
- ❏ eine Gabel oder eine Pinzette
- ❏ ein Teelicht
- ❏ Streichhölzer
- ❏ eine feuerfeste Unterlage

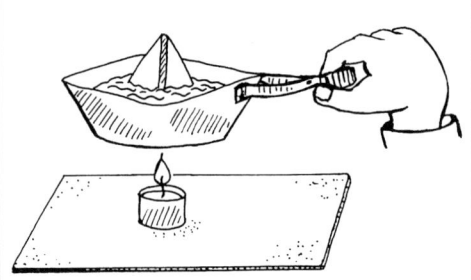

So wird der Versuch durchgeführt:

1. Falte ein Papierschiff!

2. Fülle es mit Wasser!

3. Halte das Schiff mit der Pinzette vorsichtig über das brennende Teelicht!

Vermute, was passieren wird!

Cool bleiben – das feuersichere Papierschiff

Beobachtung:

- ❏ Das mit Wasser gefüllte Papierschiff brennt nicht.

Erklärung:

- ❏ Wasser verdampft bereits bei 100 Grad Celsius. Papier brennt aber erst, wenn eine Entzündungstemperatur von 200 Grad Celsius erreicht ist.

- ❏ Deswegen brennt das Schiff erst dann, wenn das Wasser vollständig verdampft ist und das Papier seine Entzündungstemperatur von 200 Grad Celsius erreicht hat.

I. Dröse/L. Weiß: Versuche im Sachunterricht der Grundschule

Bastelanleitung: Papierschiff

Du brauchst:

❑ ein großes rechteckiges Blatt
(DIN A 4)

So wird's gemacht:

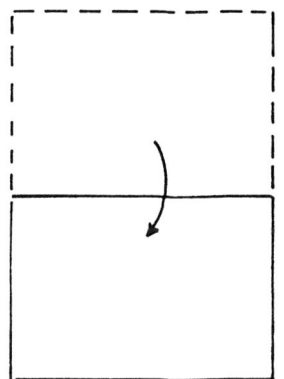

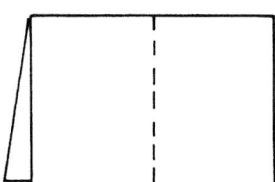

❑ Falte das Rechteck
2-mal!

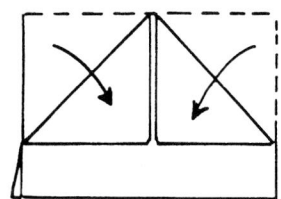

❑ Falte die Ecken der
Seite mit dem Falz
zur Mitte!

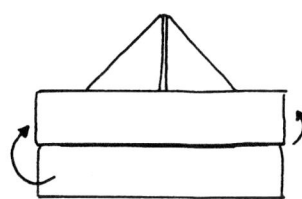

❑ Schlage den Rand
auf beiden Seiten
hoch!

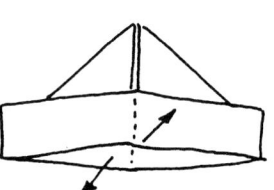

❑ Ziehe die so ent-
standene Form
auseinander!

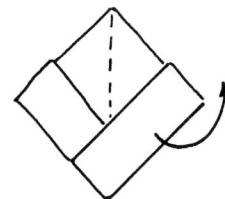

❑ So sieht die aus-
einander gezogene
Form aus.

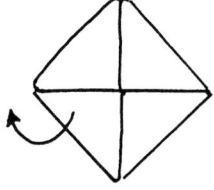

❑ Falte die nach un-
ten zeigende Spit-
ze nach oben!

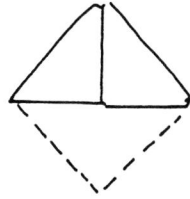

❑ Falte ebenso auf
der Rückseite!

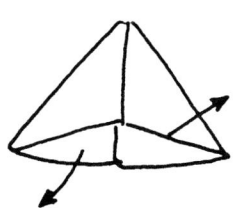

❑ Ziehe die Form
wieder auseinander!

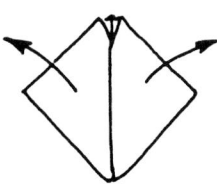

❑ Forme sie wie oben
abgebildet zum
Schiffchen!

❑ Fertiges Papierschiff.

Die Zuckerflamme

Du brauchst:

- ❑ drei Blechdeckel von Joghurtgläsern
- ❑ zwei Zuckerwürfel
- ❑ etwas Asche
- ❑ Streichhölzer
- ❑ eine feuerfeste Unterlage

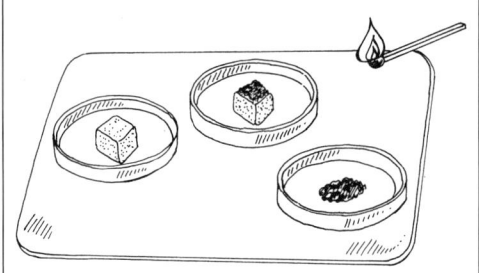

So wird der Versuch durchgeführt:

1. Lege je einen Zuckerwürfel auf zwei der Blechdeckel!

2. Streue auf einen dieser Zuckerwürfel etwas Asche!

3. Streue auf den dritten Deckel (ohne Zuckerwürfel) etwas Asche!

4. Versuche nun, die zwei Zuckerwürfel sowie die Asche anzuzünden!

Vermute, was passieren wird!

Die Zuckerflamme

Beobachtung:

- ❑ Der Zuckerwürfel mit der Asche brennt mit blauer Flamme.
- ❑ Asche und Zucker allein brennen nicht.

Erklärung:

- ❑ Die Asche macht es möglich, dass der Zucker brennt.

I. Dröse/L. Weiß: Versuche im Sachunterricht der Grundschule
© Auer Verlag

Der Überraschungsteebeutel

Du brauchst:

- ❑ einen Kammer-
  teebeutel
- ❑ eine Schere
- ❑ Streichhölzer
- ❑ eine feuerfeste
  Unterlage

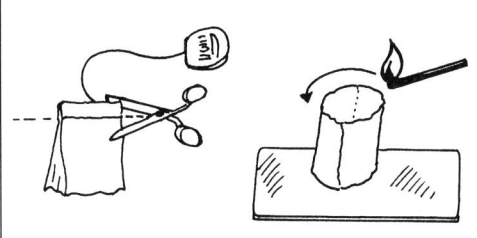

So wird der Versuch durchgeführt:

1. Schneide die obere Kante des Teebeutels ab!

2. Leere den Teebeutelinhalt aus!

3. Stelle den leeren Teebeutel so auf, dass er steht!

4. Zünde den oberen Rand des Teebeutels mit einem Streichholz an!

Vermute, was passieren wird!

Der Überraschungsteebeutel

Beobachtung:

- ❑ Der Teebeutel beginnt zu fliegen.

Erklärung:

- ❑ Das Feuer erwärmt die Luft im Teebeutel.

- ❑ Der Teebeutel steigt wie ein Heißluftballon in die Höhe, weil
  die erhitzte Luft leichter als die umgebende Luft ist.

Wald und Pflanzen

Hinweise

➡ **Sporenbilder:** Pilze findet man vor allem zwischen Juli und Oktober. Tipp für das Fixieren der Sporenbilder mit Haarspray: Halten Sie zwischen der Haarspraydüse und den Sporen genügend Abstand. Sonst werden die Sporen weggeblasen.

➡ **Halt mich fest!:** Dieser Versuch sollte wegen der „Überschwemmungsgefahr" im Freien durchgeführt werden.

Sporenbilder

Benötigtes Material:
- ☐ verschiedene Hutpilze
- ☐ weißes und schwarzes Tonpapier
- ☐ Haarspray
- ☐ ein scharfes Messer
- ☐ eine große Glasschüssel

Ohne Moos im Wald nix los!

Benötigtes Material:
- ☐ Moos aus dem Wald
- ☐ eine Schüssel

Ein günstiger Feuchtigkeitsmesser

Benötigtes Material:
- ☐ ein Kiefernzapfen
- ☐ ein Stift
- ☐ ein kleines Holzbrett
- ☐ zwei Reißnägel
- ☐ Pappe
- ☐ ein starker (Gras-)Halm
- ☐ eine Spritze mit Wasser
- ☐ ein Hammer
- ☐ ein Nagel
- ☐ Klebstoff

Blaue Rosen

Benötigtes Material:
- ☐ zwei Röhrchen
- ☐ ein scharfes Messer
- ☐ blaue Tinte
- ☐ eine gelbe Rose
- ☐ ein Glas

Die Wasserbirke

Benötigtes Material:
- ☐ eine Plastiktüte
- ☐ Schnur
- ☐ ein paar Sonnentage

Halt mich fest!

Benötigtes Material:
- ☐ Folie
- ☐ zwei Obstkisten
- ☐ Erde
- ☐ Moos, kleine Pflanzen
- ☐ zwei Plastikwannen
- ☐ eine Kanne mit Wasser

I. Dröse/L. Weiß: Versuche im Sachunterricht der Grundschule

Sporenbilder

Du brauchst:

- ❏ verschiedene Hutpilze
- ❏ weißes und schwarzes Tonpapier
- ❏ Haarspray
- ❏ ein scharfes Messer
- ❏ eine große Glasschüssel

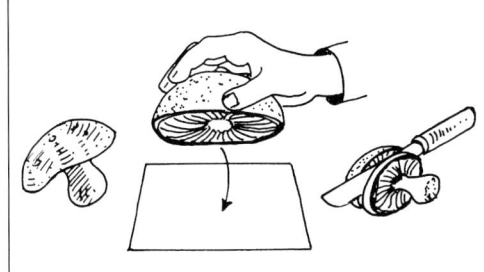

So wird der Versuch durchgeführt:

1. Sammle bei einem Waldspaziergang verschiedene Hutpilze!
2. Schneide die Pilzkappen knapp unterhalb des Hutansatzes ab!
3. Lege die Pilzkappen mit einer dunklen Oberseite auf das weiße Tonpapier und die Pilzkappen mit einer hellen Oberseite auf das schwarze Tonpapier!
4. Decke die Pilzkappen so mit der Glasschüssel ab, dass keine Zugluft daran kommt!
5. Entferne die Glasschüssel nach zwei Tagen! Hebe nun die Pilzkappen vorsichtig ab!
6. Sprühe das Haarspray vorsichtig über die Sporenbilder, damit sie nicht verwischen!

Versuche, deine Beobachtung zu erklären!

✂ -

Sporenbilder

Beobachtung:

- ❏ Auf den Blättern ist „Pilzstaub" zu sehen.

Erklärung:

- ❏ Aus der Hutkappe sind die Sporen ausgefallen.

  ➡ Weswegen sind die Sporen ausgerechnet in der Hutkappe und nicht im Stiel?

  ➡ Unterscheiden sich die Sporenbilder von Lamellen-, Röhren- und Stoppelpilzen?

Ohne Moos im Wald nix los!

Du brauchst:

❑ Moos aus dem Wald

❑ eine Schüssel

So wird der Versuch durchgeführt:

Nimm das Moos in die Hand und drücke es über der Schüssel aus!

Was stellst du fest? Versuche zu erklären!

✂ -

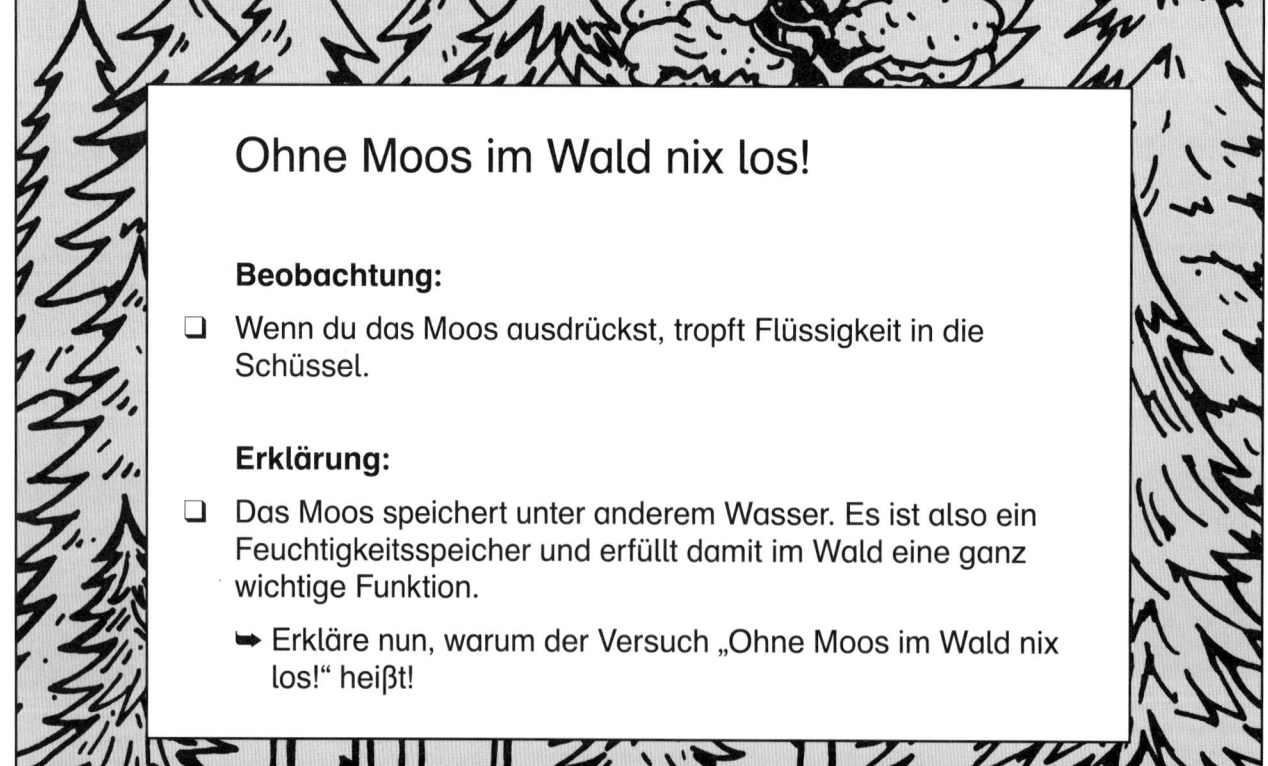

Ohne Moos im Wald nix los!

Beobachtung:

❑ Wenn du das Moos ausdrückst, tropft Flüssigkeit in die Schüssel.

Erklärung:

❑ Das Moos speichert unter anderem Wasser. Es ist also ein Feuchtigkeitsspeicher und erfüllt damit im Wald eine ganz wichtige Funktion.

➡ Erkläre nun, warum der Versuch „Ohne Moos im Wald nix los!" heißt!

I. Dröse/L. Weiß: Versuche im Sachunterricht der Grundschule
© Auer Verlag

Ein günstiger Feuchtigkeitsmesser

Du brauchst:
- ❏ einen Kiefernzapfen
- ❏ einen Stift
- ❏ ein kleines Holzbrett
- ❏ zwei Reißnägel
- ❏ Pappe
- ❏ einen starken (Gras-) Halm
- ❏ eine Spritze mit Wasser
- ❏ einen Hammer
- ❏ einen Nagel
- ❏ Klebstoff

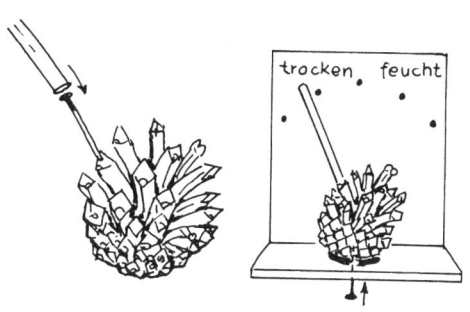

So wird der Versuch durchgeführt:

1. Schlage den Nagel von unten durch das Brettchen! Die Nagelspitze sollte auf der anderen Brettseite herausschauen.
2. Stecke den Kiefernzapfen fest auf die Nagelspitze!
3. Teile den Halm an dem einen Ende und klebe ihn wie in der Abbildung fest!
4. Befestige die Pappe mit den Reißnägeln an der hinteren Brettkante!
5. Zeichne den Startpunkt auf die Pappe! Er befindet sich unterhalb der Halmspitze.
6. Spritze etwas Wasser in den Kiefernzapfen!

Beobachte, was passiert!

Ein günstiger Feuchtigkeitsmesser

Beobachtung:

- ❏ Die Schuppen des Kiefernzapfens beginnen sich zu schließen. Der Halm beginnt daraufhin zu „wandern".

Erklärung:

- ❏ In den Schuppen befinden sich Pflanzenzellen. Diese Zellen saugen sich mit dem Wasser voll und quellen auf.

- ❏ Sobald die Schuppen zu trocknen beginnen, entquellen sich die Zellen wieder.

- ❏ Das Auf- und Entquellen der Zellen führt zu den Schuppenbewegungen. Es ist beliebig oft wiederholbar.

  ➡ Lasse den Kiefernzapfen trocknen! Wie lange dauert es, bis der Halm wieder am Startpunkt ist?

Blaue Rosen

Du brauchst:

- ❏ zwei Röhrchen
- ❏ ein scharfes Messer
- ❏ blaue Tinte
- ❏ eine gelbe Rose
- ❏ ein Glas

So wird der Versuch durchgeführt:

1. Fülle das eine Röhrchen mit Wasser, das andere mit Tinte!
2. Stelle die Röhrchen in das Glas!
3. Schneide den Stängel der Rose mit dem Messer bis etwa zur Mitte längs auf, sodass zwei Stängelenden entstehen!
4. Stecke die Stängelenden getrennt in die Röhrchen!
5. Warte ein paar Stunden!

Was kannst du beobachten?

Blaue Rosen

Beobachtung:

- ❏ Die feinen Blätter der Rose färben sich bald blau.
- ❏ Nach einiger Zeit ist die eine Hälfte der Blüte blau, die andere Hälfte hat dagegen ihre ursprüngliche Farbe behalten.

Erklärung:

- ❏ Im Stängel befinden sich Kanäle, durch die normalerweise das Wasser nach oben steigt.
- ❏ So wie das Wasser steigt nun die Tinte durch das eine Stängelende hoch zur Blüte. Die blaue Farbe bleibt in den Blütenblättern hängen, während der Wasseranteil der Tinte größtenteils verschwindet.

I. Dröse/L. Weiß: Versuche im Sachunterricht der Grundschule

Die Wasserbirke

Du brauchst:

- ❑ eine Plastiktüte
- ❑ Schnur
- ❑ ein paar Sonnentage

So wird der Versuch durchgeführt:

1. Binde die Plastiktüte über einen belaubten Birkenast! Schnüre sie unten mit der Schnur zusammen!

2. Öffne die Tüte nach ein paar Tagen wieder!

Vermute, was in der Zwischenzeit passiert ist!

✂- -

Die Wasserbirke

Beobachtung:

- ❑ An heißen Tagen sammelt sich Flüssigkeit in der Plastiktüte.

Erklärung:

- ❑ Die Blätter der Birke geben eine beachtliche Menge Wasser ab. Die Tüte verstärkt dabei noch das „Schwitzen" der Blätter.

- ❑ An sehr heißen Tagen können die Blätter einer großen Birke bis zu 400 Liter Wasser abgeben.

Halt mich fest!

Du brauchst:

❑ Folie

❑ zwei Obstkisten

❑ Erde

❑ Moos, kleine Pflanzen

❑ zwei Plastikwannen

❑ eine Kanne mit
   Wasser

Führe den Versuch am besten im Freien durch!

1. Lege beide Kisten mit Folie aus!
2. Fülle die Kisten mit Erde!
3. Bepflanze eine der beiden Kisten mit Moos und kleinen Pflanzen!
4. Stelle die Plastikwannen ans untere Ende der Kisten!
5. Dein Partner hält nun eine der beiden Kisten wie oben abgebildet hoch! Gieße jetzt vom oberen Kistenrand herab Wasser in die Kiste!
6. Gieße das Wasser auf die gleiche Weise in die zweite Kiste!

Was kannst du beobachten?

Halt mich fest!

Beobachtung:

❑ Die Kiste ohne Bepflanzung wird stark überschwemmt.
   Die Erde rutscht teilweise nach unten.

❑ Die Kiste mit Bepflanzung wird deutlich weniger überschwemmt. Es rutscht nur sehr wenig Erde nach unten.

Erklärung:

❑ Die Wurzeln der Pflanzen halten die Erde fest.

I. Dröse / L. Weiß: Versuche im Sachunterricht der Grundschule

Unsere Sinne

Hinweise

➡ Das Thema **Unsere Sinne** ist als Sinnesparcours im Stationenbetrieb angelegt. Es wurden alle neun Sinne des Menschen berücksichtigt.

➡ Für den Parcours werden **neun Stationen** (pro Sinn eine Station) aufgebaut (vgl. Arbeitskarten Seiten 85 und 86). Die Kopiervorlagen mit den optischen Täuschungen für die Station „Sehen" finden Sie auf der Seite 84. Die Kinder durchlaufen nun die Stationen und führen die Versuche durch. Anschließend erhalten sie die Bildkarten (vgl. Seiten 82 bis 84) und ordnen diese den Stationen zu.

➡ **Fühlen:** Statt der Fühlsäckchen kann auch ein mit einer Decke abgedeckter Korb verwendet werden.

➡ **Sehen:** Die Kopiervorlagen mit den optischen Täuschungen finden Sie auf der Seite 84. Die Kopiervorlagen zeigen (1) den Buchstaben E, (2) ein Pferd mit Reiter und (3) einen dicken Mann und – um 180 ° gedreht – ein Schwein.

---

1. Bewegungssinn

Benötigtes Material:
- ☐ ein Tau (z. B. aus der Turnhalle) oder ein Abschleppseil

2. Schmerz empfinden

Benötigtes Material:
- ☐ ein Nagel

3. Riechen

Benötigtes Material:
- ☐ drei Filmdöschen, die z. B. mit gehackten Zwiebeln, Erde oder einem mit Parfüm getränkten Wattebausch gefüllt sind

4. Kälte / Wärme spüren

Benötigtes Material:
- ☐ ein Waschbecken; alternativ auch Steinböden

5. Fühlen

Benötigtes Material:
- ☐ mehrere Fühlsäckchen, die z. B. mit einer Feder, einem Radiergummi oder einer Büroklammer gefüllt sind
- ☐ alternativ: ein Korb (statt der Fühlsäckchen), eine Decke

6. Hören

Benötigtes Material:
- ☐ drei Filmdöschen, die z. B. mit Reis, Münzen oder Nägeln gefüllt sind

7. Sehen

Benötigtes Material:
- ☐ Kopiervorlagen mit optischen Täuschungen

8. Schmecken

Benötigtes Material:
- ☐ ein Schüsselchen mit Zucker
- ☐ ein Schüsselchen mit Salz

9. Gleichgewichtssinn

Benötigtes Material:
- ☐ ein Tau (z. B. aus der Turnhalle) oder ein Abschleppseil

Bewegung

Schmerz

Riechen

Kälte / Wärme

I. Dröse / L. Weiß: Versuche im Sachunterricht der Grundschule

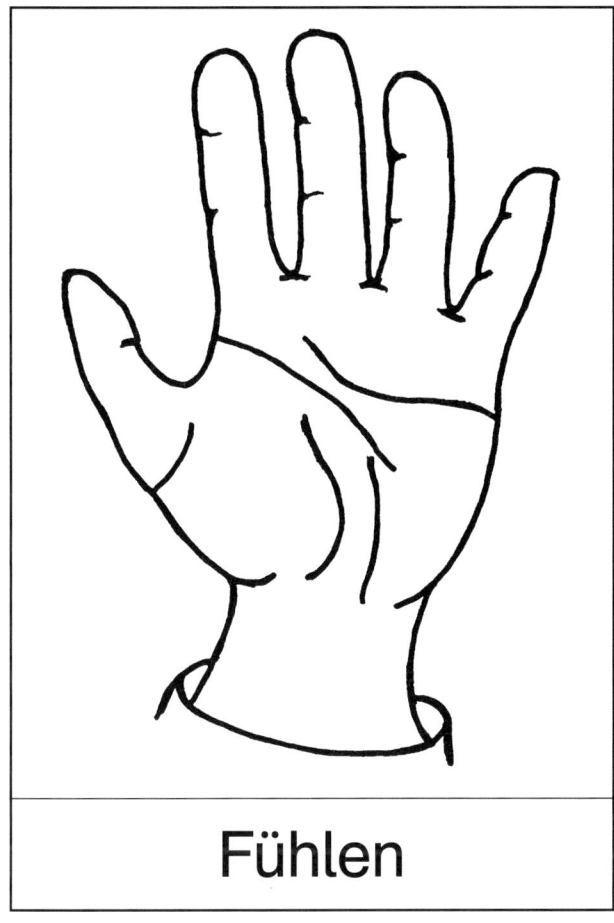

Fühlen

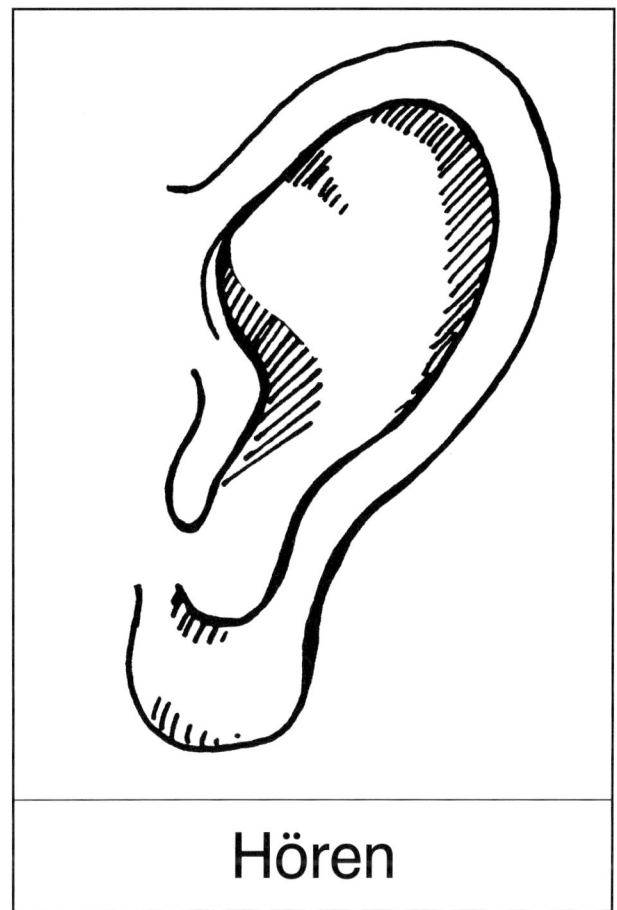

Hören

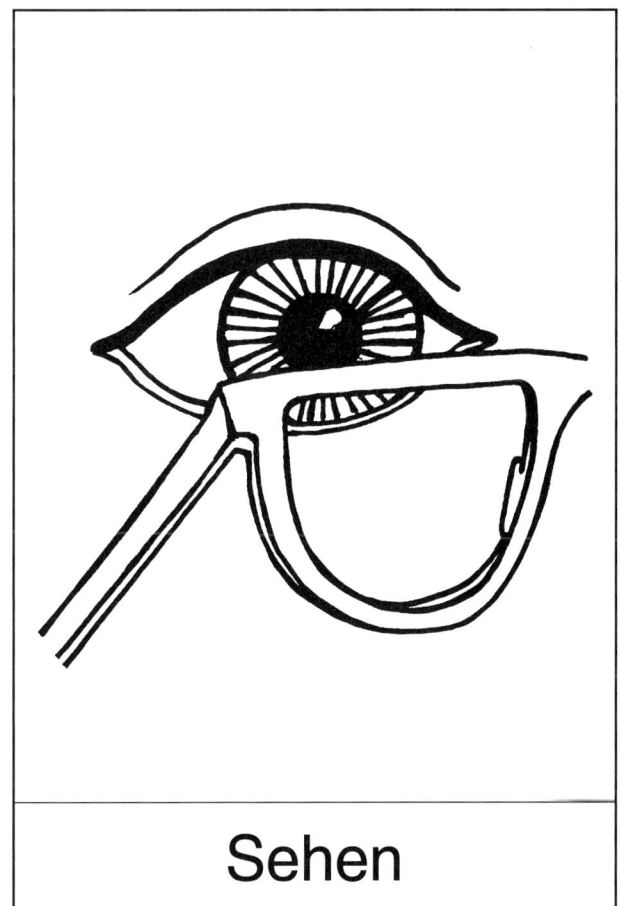

Sehen

Schmecken

Gleichgewicht

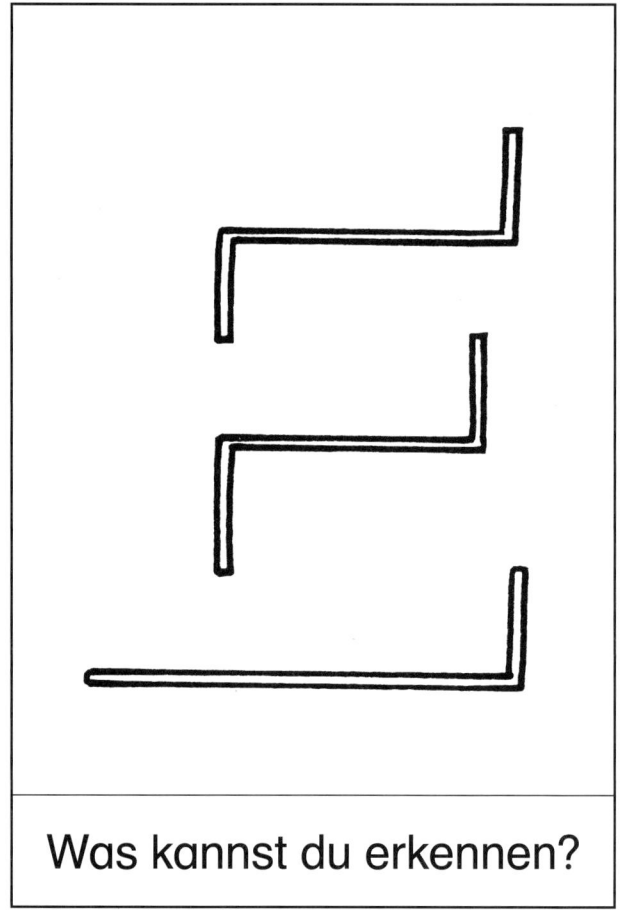

Was kannst du erkennen?

Wen erkennst du?

Hier sind zwei Bilder versteckt.

I. Dröse/L. Weiß: Versuche im Sachunterricht der Grundschule

1. Versuche, ohne hinzu-
sehen, auf den Zehen-
spitzen das Seil ent-
lang zu laufen!

Du darfst deine Augen
öffnen.

2. Berühre mit dem Na-
gel ganz leicht deine
Haut! Es passiert et-
was, wenn du fester
auf deine Haut
drückst.

3. Schließe deine Augen,
öffne das Döschen
und schnuppere
daran!

4. Reibe deine Hände
ganz fest und lange
aneinander! Halte sie
dann an das Wasch-
becken!

5. Greife in die Säckchen
und finde heraus, was
sich darin befinden
könnte!

6. Schüttle die Döschen und finde heraus, was sich darin befinden könnte!

7. Betrachte die Bilder! Kannst du erkennen, wer oder was sich hier versteckt?

8. Finde heraus, was sich in den Schüsselchen befinden könnte!

9. Dein Partner gibt dir eine Hand. Versuche mit geschlossenen Augen, das Seil entlangzulaufen!

Lösung für 7:
Bild 1 = Buchstabe E
Bild 2 = Pferd mit Reiter
Bild 3 = dicker Mann +
(auf dem Kopf) ein
Schweinegesicht

I. Dröse/L. Weiß: Versuche im Sachunterricht der Grundschule

Bauen u. Konstruieren

Hinweise

➡ Die Kinder erstellen zu den von ihnen gewählten Versuchen Skizzen. Diese lassen sich von der Lehrkraft in den Reflexionsphasen zur weiteren sprachlichen Durchdringung und Veranschaulichung oder zur Weiterarbeit nutzen.

➡ Beaufsichtigen Sie Ihre Klasse bei allen Versuchen mit spitzen oder gefährlichen Gegenständen.

➡ **Ein Rennauto bauen:** Die Teelichter müssen vorsichtig vom Lehrer oder von den Schülern mit einem Nagel durchbohrt werden, damit sie als Räder auf die Achsen des Autos gesteckt werden können. Weisen Sie Ihre Schüler unbedingt auf Vorsicht beim Arbeiten mit dem spitzen Nagel und den Schaschlikspießen hin.

➡ **Der Klebeeimer:** Machen Sie die Kinder bei diesem Versuch unbedingt auf eine vorsichtige Durchführung aufmerksam: *„Halte während der Drehbewegung Abstand zu Gegenständen und weiteren Kindern oder Personen!"*

Eine Mauer bauen

Benötigtes Material:
- ☐ 50 Holzbausteine oder mit Sand gefüllte Streichholzschachteln
- ☐ ein Spielzeugauto
- ☐ ein glatter und stabiler Untergrund

Der Bücherturm

Benötigtes Material:
- ☐ viele Bücher (so viele wie die Klassen- oder Schulbücherei zur Verfügung stellen kann)

Der Turm des Widerstandes

Benötigtes Material:
- ☐ 50 Holzbausteine oder mit Sand gefüllte Streichholzschachteln

Ein Rennauto bauen

Benötigtes Material:
- ☐ eine kleine leere Schachtel oder einen sauberen Saftkarton
- ☐ zwei Schaschlikspieße
- ☐ vier Aluminiumhüllen von Teelichtern
- ☐ etwas Knete
- ☐ ein mittelgroßer Nagel
- ☐ Klebestreifen
- ☐ vier Bierdeckel

Brücken bauen 1

Benötigtes Material:
- ☐ zwei Holzwürfel
- ☐ ein Blatt Papier (DIN A4)
- ☐ Gegenstände zum Aufstellen auf der Brücke: z. B. Streichholzschachtel, Baustein, Spielfigur, …

Brücken bauen 2

Benötigtes Material:
- ☐ zwei Holzwürfel
- ☐ 3–4 Blätter Papier (DIN A4)
- ☐ Gegenstände zum Aufstellen auf der Brücke: z.B. Streichholzschachtel, kleines Auto, Baustein, Spielfigur, ...
- ☐ Tonpapier, Karton, Holzstückchen

Die Wippe

Benötigtes Material:
- ☐ ein 30 cm langes Lineal
- ☐ eine halbe Toilettenpapierrolle
- ☐ Klebestreifen
- ☐ zwei mit Sand gefüllte Streichholzschachteln

Der Klebeeimer

Benötigtes Material:
- ☐ ein Tennisball
- ☐ ein leerer Eimer

I. Drose/L. Weiß: Versuche im Sachunterricht der Grundschule
© Auer Verlag

Eine Mauer bauen

Du brauchst:

❑ Holzbausteine oder mit Sand gefüllte Streichholzschachteln

❑ ein Spielzeugauto

❑ einen glatten und stabilen Untergrund

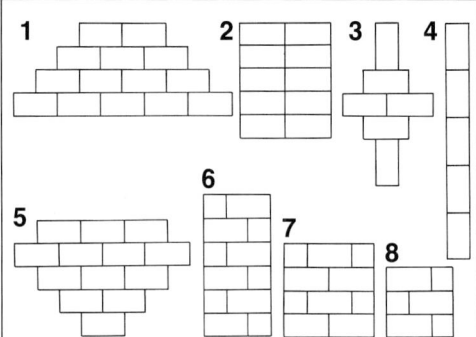

So wird der Versuch durchgeführt:

1. Vermute: Welche der oben abgebildeten Mauern ist am stabilsten? Welche ist am wenigsten stabil?

2. Baue die unterschiedlichen Mauern wie in den Zeichnungen nach.

3. Untersuche bei jeder Mauer: Wie stabil ist sie? Lasse dazu das Spielzeugauto aus der immer gleichen Entfernung und mit möglichst gleicher Kraft gegen die Mauer fahren.

Was kannst du beobachten? Versuche, zu erklären.

Eine Mauer bauen

Beobachtung:

❑ stabil:

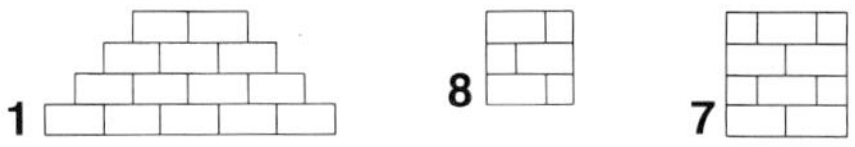

❑ weniger stabil:

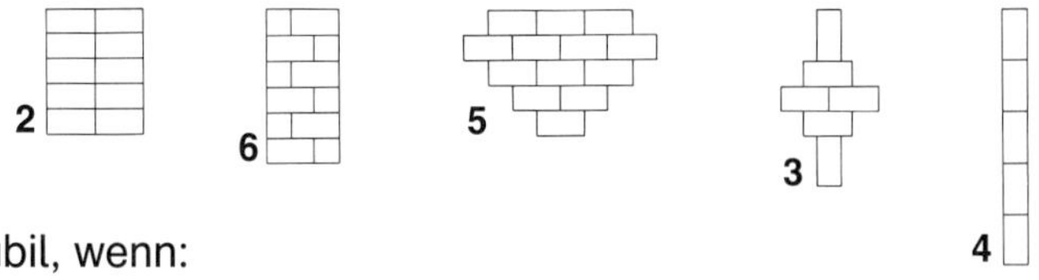

Erklärung:

❑ Mauern sind stabil, wenn:
  ➥ viele Steine als große Grundfläche ganz unten liegen.
  ➥ der schwerste Punkt (= Schwerpunkt) der Mauer nahe am Boden liegt.
  ➥ die Steine wechselseitig miteinander verbunden sind.

❑ Mauern sind weniger stabil und fallen leicht um, wenn:
  ➥ die Grundfläche klein ist.
  ➥ der Schwerpunkt zu weit oben liegt.
  ➥ die Steine ohne Verbindung aufeinander gestapelt sind.

I. Dröse / L. Weiß: Versuche im Sachunterricht der Grundschule
© Auer Verlag

Der Bücherturm

Du brauchst:

❑ viele Bücher

So wird der Versuch durchgeführt:

1. Baue unterschiedliche Büchertürme, die wenig stabil sind. Finde verschiedene Möglichkeiten.
2. Mache eine Zeichnung von deinen wenig stabilen Türmen.
3. Untersuche bei jedem Turm: Wie stabil ist er? Tippe dazu vorsichtig mit einem Finger dagegen. Fällt der Turm leicht um, ist er nicht stabil.

Was beobachtest du? Versuche, zu erklären.

Der Bücherturm

Beobachtung:

❑ Du kannst den Bücherturm ganz unterschiedlich aufbauen. Je nachdem lässt sich der Turm leichter oder schwerer umstürzen.

Erklärung:

❑ Türme sind nicht stabil und stürzen leicht ein, wenn:
➡ sie eine kleine Grundfläche haben,
➡ einen hohen Schwerpunkt haben,
➡ die Steine gleich auf gleich gestapelt sind.

Der Turm des Widerstandes

Du brauchst:

❑ 50 Holzbausteine
oder mit Sand ge-
füllte Streichholz-
schachteln

So wird der Versuch durchgeführt:

1. Baue Türme. Diese Türme sollen sehr stabil (= fest und gut gebaut) sein. Wie musst du vorgehen?
2. Mache eine Zeichnung von deinen sehr stabilen Türmen.
3. Untersuche bei jedem Turm: Wie stabil ist er? Tippe dazu vorsichtig mit einem Finger dagegen. Wenn er erst beim stärkerem Antippen umfällt, ist er stabil.

Vermute, welcher Turm am längsten hält. Versuche, zu erklären.

Der Turm des Widerstandes

Beobachtung:

❑ Du kannst einen Turm auf verschiedene Arten bauen.

❑ Wenn dein Turm nicht stabil ist, stürzt er leicht ein.

❑ Baust du aber einen stabilen Turm, dann fällt er nicht so leicht um.

Erklärung:

❑ Türme sind dann stabil und fallen nicht so leicht um, wenn:
➡ sie unten eine große Grundfläche haben,
➡ der Schwerpunkt des Turms nahe am Boden liegt,
➡ und die Steine wechselseitig miteinander verbaut oder verbunden sind.

I. Dröse/L. Weiß: Versuche im Sachunterricht der Grundschule

Ein Rennauto bauen

Du brauchst:

- ❑ eine kleine leere Schachtel oder einen sauberen Saftkarton
- ❑ zwei Schaschlikspieße
- ❑ vier Teelichter
- ❑ Knete
- ❑ ein mittelgroßer Nagel
- ❑ Klebestreifen
- ❑ vier Bierdeckel

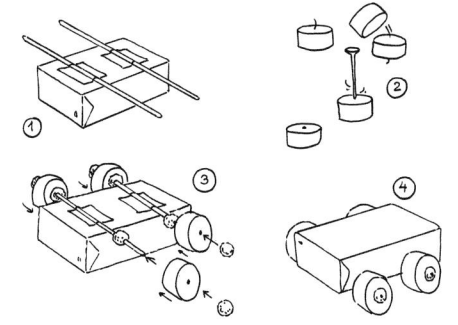

So wird der Versuch durchgeführt:

1. Klebe die zwei Schaschlikspieße mit Klebestreifen an die Unterseite der Schachtel. Das sind die Achsen für dein Rennauto.
2. Bohre mit dem Nagel an der Unterseite der Teelichter ein Loch. Das Loch soll in der Mitte liegen und so groß sein, dass der Schaschlikspieß hindurch passt.
3. Stecke als Räder die Teelichter an die Achsen. Klebe etwas Knete vor und hinter die Räder, damit sie besser halten.
4. Prüfe, ob dein Auto rollt. Auf welchem Untergrund fährt dein Auto am besten?
5. Verwende andere Räder als die Teelichter (z. B. Bierdeckel, …). Teste, wie das Auto damit fährt.

Was kannst du beobachten?

Ein Rennauto bauen

Beobachtung:

- ❑ Das Rennauto fährt schneller und weiter, wenn der Untergrund glatt ist und die Reifen wenig reiben.

Erklärung:

- ❑ Bei einem nicht glatten Boden und schlechten Reifen reiben die Reifen von Fahrzeugen am Boden und am Auto. Durch diesen Rollwiderstand fährt das Auto langsamer.

- ❑ Wenn das Auto aber auf einem glatten Untergrund fährt und sich die Räder auf dem Untergrund und am Fahrzeug ohne Reibung bewegen, dann gibt es fast keinen Rollwiderstand mehr. Das Rennauto fährt ohne Störung schneller und weiter.

I. Dröse / L. Weiß: Versuche im Sachunterricht der Grundschule
© Auer Verlag

Brücken bauen 1

Du brauchst:

❑ zwei Holzwürfel
❑ ein Blatt Papier
   (DIN A4)
❑ Gegenstände zum
   Aufstellen auf der
   Brücke: z. B. Streich-
   holzschachtel, Bau-
   stein, Spielfigur, …

So wird der Versuch durchgeführt:

1. Stelle zwei Holzwürfel im Abstand von etwa 10 cm auf.
2. Falte das Blatt Papier einmal längs in der Mitte.
3. Lege das gefaltete Papier auf die Würfel. Deine Brücke ist fertig.
4. Stelle verschieden schwere Gegenstände auf die Papierbrücke.
5. Falte das Blatt Papier nun öfter. Teste mit den Gegenständen, ob die Brücke nun
   stabiler ist.

Vermute, was passiert. Was kannst du beobachten?

Brücken bauen 1

Beobachtung:

❑ Je öfter du das Blatt Papier faltest, desto stabiler ist
   die Brücke.

Erklärung:

❑ Jede einzelne Faltung trägt einen Teil vom Gesamtgewicht
   der Brücke.

❑ Je mehr Faltungen die Papierbrücke hat, umso besser verteilt
   sich das ganze Gewicht der Brücke darauf.

I. Dröse/L. Weiß: Versuche im Sachunterricht der Grundschule

Brücken bauen 2

Du brauchst:

- ❏ zwei Holzwürfel
- ❏ 3-4 Blätter Papier (DIN A4)
- ❏ Gegenstände zum Aufstellen auf der Brücke: z. B. Streichholzschachtel, kleines Auto, Baustein, Spielfigur, ...
- ❏ Tonpapier, Karton, Holzstückchen

So wird der Versuch durchgeführt:

1. Stelle zwei Holzwürfel im Abstand von etwa 10 cm auf.
2. Falte dein Papier längs in zwei Zentimeter lange Streifen als „Ziehharmonika" und klebe die Ziehharmonika zwischen zwei Blätter fest. Lege die gebastelte Brücke auf die beiden Würfel.
3. Stelle verschieden schwere Gegenstände auf die Papierbrücke.
4. Baue weitere Brücken. Verwende anderes Baumaterial wie Tonpapier, Karton oder Holzstückchen. Teste die Brücken mit den gleichen Gegenständen. Merkst du einen Unterschied?

Was beobachtest du? Versuche, zu erklären.

Brücken bauen 2

Beobachtung:

- ❏ Die Brücke ist mit dem gefalteten Papier sehr stabil. Sie kann viel Gewicht tragen.

Erklärung:

- ❏ Bei der Faltung in einer Ziehharmonika liegen lauter einzelne dünne Papierstreifen übereinander. Dadurch wird die ganze Ziehharmonika-Brücke stabiler. Sie ist dicker und stärker. Du kannst sie nicht mehr so leicht biegen wie ein ungefaltetes Blatt Papier.

- ❏ Eine „Ziehharmonika-Brücke" kann viel Gewicht tragen. Sie ist stabil.

Die Wippe

Du brauchst:

- ❑ ein 30 cm langes Lineal
- ❑ eine Toilettenpapier- oder Küchenpapierrolle
- ❑ Klebestreifen
- ❑ mit Sand gefüllte Streichholzschachteln

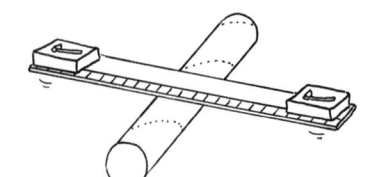

So wird der Versuch durchgeführt:

1. Klebe die Papierrolle mit Klebestreifen genau unter die Mitte des Lineals. Fertig ist deine Wippe.
2. Bringe die Wippe ins Gleichgewicht. Das bedeutet, dass deine Wippe auf beiden Seiten gleich hoch in der Luft schwebt. Wohin auf die Wippe musst du dabei die zwei Streichholzschachteln legen?
3. Was passiert, wenn du die Streichholzschachteln verschiebst?
4. Teste die Wippe auch mit mehr als zwei Streichholzschachteln.

Probiere aus und versuche, zu erklären.

Die Wippe

Beobachtung:

- ❑ Damit die Wippe ins Gleichgewicht kommt, musst du die Streichholzschachteln auf beiden Seiten gleich verteilen.

Erklärung:

- ❑ Die Wippe ist ein Hebel mit zwei Seiten: Wenn du die Gewichte auf beiden Seiten der Wippe gleich verteilst, ist die Wippe im Gleichgewicht.

- ❑ Aber auch der Abstand zur Drehachse (= die Toilettenpapierrolle) ist wichtig. Wenn du das Gewicht ungleich verteilst, sinkt die schwerere Seite der Wippe nach unten.

I. Dröse/L. Weiß: Versuche im Sachunterricht der Grundschule

Der Klebeeimer

Du brauchst:

- ❏ einen Tennisball
- ❏ einen leeren
  Eimer

So wird der Versuch durchgeführt:

1. Lege den Tennisball in den Eimer.
2. Halte den Eimer am Henkel fest.
3. Strecke deinen Arm mit dem Eimer aus und drehe dich mit dem Eimer schnell im Kreis herum.

Achtung: Halte während der Drehbewegung Abstand zu Gegenständen und weiteren Kindern oder Personen!

> **Was beobachtest du? Versuche, deine Beobachtung zu erklären.**

Der Klebeeimer

Beobachtung:

- ❏ Der Tennisball bleibt während der Drehbewegung im Eimer.

Erklärung:

- ❏ Bei allen schnellen Drehungen entsteht eine Kraft. Sie heißt Fliehkraft. Diese Fliehkraft drückt alles nach außen.

- ❏ Die Fliehkraft drückt den Tennisball nach außen an die Eimerunterseite. So kann er nicht aus dem Eimer herausfallen. Die unsichtbare Kraft klebt sozusagen den Ball nur scheinbar im Eimer fest.

- ❏ Du kannst Fliehkraft selbst in einem Kettenkarussell erleben.